KB190555

"사랑과 감사의 마음을 담아
이 책을 드립니다."

년   월   일

_____ 님께

_____ 드림

심겨진 곳에서 피어나라

세움북스 는 기독교 가치관으로 교회와 성도를 건강하게 세우는 바른 책을 만들어 갑니다.

크리스천 여성작가 시리즈 02

심겨진 곳에서 피어나라

초판 1쇄 인쇄 2021년 10월 20일
초판 1쇄 발행 2021년 10월 25일

지은이 | 윤상희
펴낸이 | 강인구

펴낸곳 | 세움북스
등 록 | 제2014-000144호
주 소 | 서울시 종로구 삼일대로 428(낙원동) 낙원상가 5층 500-8호
전 화 | 02-3144-3500
팩 스 | 02-6008-5712
이메일 | cdgn@daum.net

교 정 | 김태윤
디자인 | 참디자인

ISBN 979-11-91715-10-1 (03230)

크리스천
여성작가
시리즈 02

심겨진
곳에서
피어나라

"이미 자기다운 특별함을 지니고 있을 당신에게"

윤상희 지음

세움북스

First Thanks

"내 죽음이 중요했던 만큼,
그보다
네가 더 소중했단다."

오늘도 이렇게 말해주시는 그리스도를 의지하며

추천사

그는 매일 결심한다. 그런데 이미 그것을 하고 있다.
엄청난 성찰과 다짐, 무조건적인 사랑과 탈진,
그러나 그 안에 늘 아련한 희망이 보인다.
조금만 더 건강하고 조금만 더 의연하면 참 좋겠다. 그래도 여전히 윤상희겠지?
_ Sejong Christian International School, Principal 유정훈 교수

나이든 제자의 일상을 파노라마처럼 들여다보는 것은 일견 대단하다는 탄성과
마음 저 밑바닥의 공감이라는 실타래를 풀게 된다. 평범하지만 어딘가 비범해
보이는, 관종 같지만 수사학에 능한 그리스 철학가처럼.
저자의 젊은 날을 기억하는 나로서는 글 하나하나가 사금파리처럼 빛이 난다.
이 책은 유려한 기술보다는 뭉클한 가슴으로 쓴 것 같아 감히 일독을 적극 권한
다. 평범한 생각과 일상도 어떻게 보면 특별함의 연속일지 모른다.
_ 마케팅스페셜리스트, Book '스타벅스의 미래' 저자, 맹명관 교수

이 시대의 SNS는 과거 TV만큼의 영향력을 지닌다.
이 공간에서 약하디약한 한 여인이 주목을 끄는 것이 나는 좋다.
그녀는 늘 기운을 차리고, 새로운 가족을 형성하고, 끌어안고, 치유한다.
인간의 약함을 통해 온전함을 이루시는 신의 뜻을 온몸으로 실천하는 사람.
세상을 더 좋은 쪽으로 향하게 하는 그녀의 글이
더 널리, 더 많이 알려졌으면 좋겠다.

_ MBC 방송작가, KBS 〈황금연못〉 박근형 작가

세상을 들여다보는 '저자만의 렌즈'가 있는 걸까?
날카롭지만 결코 냉소적이지 않으며,
마음 깊은 곳에서 데워져 나오는 온기의 시선.
그렇게 바라본 세계가 오롯이 담긴 책이다!

_ MBN 〈나는 자연인이다〉 김영숙 작가

책을 읽다 보면 자연스레 아내가 생각나고, 아이들도 생각나고, 농사짓는 내 모습도 떠오른다. 순간순간의 기쁨을 누리고 있는지, 너무 바쁘게만 살고 있지는 않은지, 무엇인가를 놓치며 살고 있지는 않은지… 왠지 이런 질문이 차오른다. 비틀거리면서도 정직하게 자신과 주변을 대하는 상희님의 글을 읽다 보니 나의 일상을 조금 더 따뜻하고 소중하게 가꾸고 싶어진다.

_ 최혁봉 농가펀드 대표, 최혁봉 농부

심겨진 곳에서 피어나라

프롤로그
이미 충분히 특별한 당신에게

지극히 평범한 일상이 누군가에겐 색다른 영감이, 창의적인 이들에겐 예술적 원천이, 축 처져 있는 이들에겐 엉덩이를 떼게 만드는 동력이 되기도 합니다. 일상에서 보고 듣고 읽고 느끼며 성찰하고 행동하며 살아온 평범하면서도 지극히 개인적인 저만의 이야기를 이 책에 담았습니다. 제 삶과 제 글을 겹쳤을 때 한 치의 오차가 없기를 바라는 마음으로 이 글을 썼습니다. 글쓰기를 흘러가게 하는 힘은 크고 강한 것들보다 작고 섬세하고 여린 것들에서 나오더군요. 굳은 것은 유연함을 이길 수 없기에 제 안에 모든 감각이 부드럽게 열리고 흔들거려서 부러짐 없는 글을 쓰고 싶었습니다.

저는 인정받는 걸 무척이나 좋아하기 때문에 일상의 이야기를 평생 제 방식대로 말하며 살아왔습니다. 저는 저의 가치를 다 모르며 살고 있을지라도 저 자신에게 관심을 갖는 만큼, 남들에게도 관심을 가질 수 있다고 믿는 편입니다. 저를 돌보는 만큼 남도 돌보게 되겠지요. 그래서 저는 '당신을 만나서 제가 한결 근사해졌습니다.'라고 말하며 살고 싶습니다. 이런 바람이 더욱 저답게 만들어갈 것 같네요.

저는 이 바닥에 처음 서보는 초보 글쟁이입니다. 이 바닥에서 넘치게 볼 수 있는 성실한 다독가도, 전투적인 책 소장파도, 꾸준한 집필중독자도 아니었습니다. 굳이 말하자면 투 머치 퍼니 토커 정도였지요. 나답게 사는 것이 저의 평생 과업입니다. 그렇게 자연스럽게 살면서 남에게 훈장질이나 하지 않아도 성공이라고 생각합니다. 다양한 가치들을 판단하면서 옳고 그름을 따지기보다 관종으로 사는 게 더 예술적이며 가치 있다고 자뻑하며 살겁니다. 그러니 제 일상의 이야기에 관심으로 응답하시다보면 어쩌면 님들도 저를 만나서 님들 삶이 한결 근사해지실지도 모를 일입니다.

저는 누군가의 배경이 될지언정 표준은 되고 싶지 않기에 나이가 듦에 따라 일상에서 의미보다 재미를 더 갈구하게 되었습니다. 이 책을 읽으시는 분들도 자신의 일상에서 재미를 찾으며 살면 좋겠습니다. 가능하다면 좀 덜 아프고 덜 비장하고 덜 의연하게 말이죠. 우리에겐 '언젠가'는 존재하지 않고 '지금'만 존재하기에 오늘이라는 일상은 누구에게나 주어진 특별하고 공평한 선물이라 생각합니다. 이미 자기 안에 내재하는 특별함으로 그저 그런 일상 속에서도 일상을 예술로 살아내 보길 소망합니다.

좋은 분들과의 특별한 만남이 없었다면 이 책은 나올 수 없었을 겁니다. 가장 먼저 제 글보다 저를 더 좋아해주시고 끝까지 믿어주신 세움북스 강인구 대표님과 김민철 목사님께 감사합니다. 제 자신을 믿고 완주하는 데 필요한 건 저보다 저를 더 믿어주시는 분들의 사랑이었습니다.

제가 매일을 사는 삶의 이유인 사랑하는 가족 오현식, 오원찬, 오원정, 오세은 모두 너무나 사랑합니다. 글 쓰는 동안 한결같이 응원해주고 믿어 주어서 힘을 냈고 행복했습니다. 제가 해왔던 집안 살림을 저보다 더 잘 살려주어서 감탄했습니다.

그리고 저를 낳아 사람 만들어주신 사랑하는 부모님 두 분, 지금까지 가정을 지켜내주셔서 감사합니다. 저에게 자랑할 만한 게 있다면 그건 모두 부모님 두 분에게서 온 것입니다.

저의 든든한 두 번째 아버지가 되어주신 사랑하는 시아버님, 하늘나라에 계신 존경하는 시어머님, 오빠네 가족, 고모네 가족, 무슨 일이 있어도 내 편을 들어주는 사랑하는 친구들, 저를 위해 기도해주셨고 바른 성경말씀 전해주신 신실한 목회자님들, 추천사를 부탁드렸을 때 기꺼이 빛의 속도로 사랑을 확증해주신 모든 분들께 진심으로 감사드립니다. 제가 그간 어떻게 삶을 살아왔는지 자리매김 되어주기 충분하고도 넘치는 추천사였습니다. 제 인생에 들어와 주신 모든 분들에게 고맙고 감사합니다.

목차

심겨진 곳에서 피어나라

어떤 일상
In everyday life

1화

삶으로 보이는 것만 남는다

어렸을 적 내가 살던 동네는 여의도 방송국이 가까웠고 88체육관이 지척에 있었다. 버스를 타고 가서 공개방송 홀 앞에 서 있으면 종종 연예인을 볼 수 있었다. 튼튼한 두 다리와 회수권 한 장이 주는 낭만이 있다. 연예인, 그 눈부신 인류를 실물로 볼 때마다 그 특유의 광채는 사그라들지 않았다. 웬만해선 그 멋짐에 눈멀지 않을 수 없었다. 하지만 언젠가부터 연예인이 그냥 그저그런 사람으로 느껴지기 시작했는데, 속보로 그들의 어두운 부분이 온 세상에 공개될 때부터였다.

'사람이었잖아!'

만천하에 공개된 그들의 이중적인 삶에 실망할 틈도 없이 연예인들도 나와 똑같은 사람이라는 걸 받아들이니 그 흑역사가 인간적으로 여겨지기 시작했다. 팬으로서의 애정이 실망으로, 그다음엔 원망으로 변질되는 건

심겨진 곳에서 피어나라

당연했지만 연예인으로서 그들이 예술적인 아웃풋을 성실하게 내주길, 그리고 동시대를 살아가는 사람으로서 더는 사건사고 없이 좀 무탈하게 살아주길 바랐다.

교회 바깥세상에서 연예인을 쫓아다니며 살다가 교회 안쪽 세상으로 들어온 청소년기의 나는, 교회 안쪽 사람들에게 기대감이 남달랐다. 교회 밖 라이프에선 실망감이 이만저만이 아니었기 때문인지 교회 안 세상은 첫인상부터 좋아보였다. 연예인 같은 광채는 아니었지만 배운 사람들로 보였고 안정감과 자신감 덕분에 밝아보였다. 교회 안 사람들은 교회에 대해 배운 게 없었고 안정감 없는 질풍노도의 시기를 보내고 있던 나에게 고맙게도 관심을 보여주었다. 나는 그들을 보며 서서히 반했고 그들이 믿는 예수 그리스도를 좋게 여겼고 나도 믿고 싶어졌다.

그러다 믿었던 교회 안 사람들은 다를 거라고 기대하기 시작했다. 하지만 뉴스에서 터지는 흑역사와 다를 바 없는, 경악을 금치 못할 뉴스가 폭로되기도 했다. 목사님들, CCM가수, 어디어디 장로님들, 기독교계 거물, 변증론자 등등. 내겐 그분들이 가진 선한 영향력은 〈별이 빛나는 밤에〉의 별밤지기 문세 오빠보다 뒤지지 않았고, TV드라마 〈모래시계〉만큼 파급력 있는 존재였는데, 믿어지지도 않았고 허탈했다.

'이 사람들도 똑같잖아!'

실망감 그 감정을 어찌 다뤄야할지 방법조차 알지 못했다. 그간 그들이 전한 하나님은 그들에겐 우스운 존재였나? 난 그들이 전하는 성경말씀과 그들의 은사를 통해서 하나님을 알아왔는데, 용기를 얻고 위로를 받고 힘내며 살아왔는데 그간 난 뭘 배운 걸까? 그들이 보이지 않는 곳에서 지

15

Episode 1 어떤 일상

은 죄들을 하나님은 다 알고 계셨는데도 왜 그들이 계속 일하도록 참아주셨을까? 하나님의 선하신 뜻은 무엇일까? 이 점은 지금까지도 죄 가운데서도 잘 사는 내 자신을 보면서도 늘 품고 있는 질문이기도 하다.

변증가로 명성을 날렸던 한 사람이 있었다. 인터넷 기사에 따르면 그는 뼈를 때리는 스피커로서 청중을 사로잡는 능력이 탁월했다고 한다. 기사에서 본 바로는 변증은 사람들에게 예수 그리스도를 증거하고 드러내어서 그분께로 인도하는 기술을 말한다고 하는데, 안타깝게도 그 변증가의 도덕적 흑역사가 드러나며 변증의 내용을 삶으로 드러내지 못했다. 그의 삶을 빛나게 변증하던 그리스도를 다 가렸다. 그의 흑역사 때문에 사람들이 그리스도를 볼 수 없게 된 것이 그저 안타까울 뿐이다.

비노스 라마찬드라가 '지금 시대는 변증보다는 예술이 더 필요한 시대'라고 말했다는 기사를 SNS에서 보았다. 그의 말마따나 지금 이 시대는 논리적, 과학적 변증보다는 예술이 더 필요한 시대인 것 같다. 예술적 정서는 사람들 안에 내재되어 있는 말랑말랑하고 따뜻한 심성이 활짝 열리도록 도와주고 오감이 감동을 받아들이게 하며 아름다움에 대한 기억을 불러일으켜주기 때문에 창조주 하나님을 향해 열리고 그 속성에 잇닿을 수 있게 도와주는 도구가 될 수 있다. 물론 이 모든 방식과 수단을 성령께서 조명하여 선하게 인도하셔야만 효력을 가질 수 있지만, 이 세상을 창조하셨고 지금도 운행하시는 절대자에 대한 우리의 상상력과 호기심을 자극하는 데엔 변증보다 예술이 더 설득력을 가질 수 있다는 생각은 지금도 변함없다.

우리가 말씀에 즐겁게 순종하며 살아내는 삶이 예술적이라면 더 할 나위 없겠지만, 우리의 진정성 있는 삶이 없으면 그 수많은 은사들과 변증들은 빛 좋은 개살구로 끝날 수 있다는 지점이 우리가 가진 슬픔인 것 같다. 어느 누구의 마음속에도 남지 않고 끝날 수 있다는 의미다. 삶으로 이어지지 않는, 삶을 배반하는 반짝거림이란 사실 무서운 반짝거림일 수도 있다. 한 사람의 신앙과 은사와 인격의 열매는, 자리나 영향력을 증명하는 게 아니라 삶으로 나타나 보여진 것만 남는 것 같다. 나는 삶에서 무엇을 남기게 될까.

2화

섭리 속의 기회

내가 벽 앞에 섰을 때 하나님을 찾는 것밖에는 할 수 있는 일이 없다. 예전엔 이런 나를 간사하다고 여겼었다. 그럴 수밖에 없는 나를 포함한 다른 사람을 한심하게 여겼었다. 이제는 그렇지 않다. 아플 때 회개할 수 있으면 얼마나 복인가. 안 아플 때 회개할 수 있다면 얼마나 좋을까. 아픈 것도 안 아픈 것도 다 사용하시는구나 싶다. 힘들 때 자식이 부모를 더 의지하는 건 당연한 거니 말이다. '편안할 때는 뭐 하다가 나자빠지니까 이제야 도와달라고 하냐'라고 비아냥거릴 수 있다는 건 사랑의 속성에 무지한 소치라고 보인다. 주와 동행할 수 있게 인도하시는 그 어떤 인생의 재료들에도 그분은 은혜를 더하실 뿐만 아니라, 오히려 그 과정에서 우리가 그 재료들을 의지하기보다 그분의 이름으로 만족하게 인도하시기 때문이다. 이럴 때마다 내가 할 수 있는 것은 사랑하는 것밖엔 없다는 것 앞에 인생은

18

참 어렵지만 또 참 단순하기도 한 것 같다.

예능 프로 〈스페인 하숙〉에서, 새벽부터 밤늦게까지 50킬로쯤 걷고 나서 숙소에 도착해 빨래를 하면 그것만으로도 그렇게 행복할 수가 없다는 순례자들의 말이 그렇게나 좋았다. 숙소로 돌아와서 보는 파란 하늘과 시원한 바람, 소박한 음식만으로 마냥 행복하다는 말도 그랬다. 걷다보면 무거워서 짐도 버리게 되고, 가진 게 너무 많다는 걸 알게 되고, 내 것이라고 여겼던 것이 내 것이 아니었다는 걸 깨닫게 되는 게 얼마나 귀한 경험인지 걷지 않았으면 몰랐을 거라 고백하는 그들이 참 소박해 보였다. 강렬한 인상을 받은 만큼 그 길을 나도 걷고 싶었다.

나도 힘겨운 시간을 보내던 아이와 함께 삶의 방향을 바꾸게 된 순간이 있었다. 그 시간을 걸으며 엄마가 아닌 좋은 친구로 산다는 게 무언지 배웠다. 사실 고통 속에 있는 이에겐 해줄 말이 별로 필요치 않았다. 나와 아이가 그 시간들을 함께 걸어오지 않았으면 몰랐을 것이다. 내 말이 아니라 '아이의 말'이 중요하며 '너희 자녀의 마음을 노엽게 하지 말고'라고 당부하신 말씀의 무게감을 느끼게 되었다. 그때부터 아이와 난 부모자식 관계가 아닌 친구처럼 지내기로 약속했다. 그날이 친구관계 1일이 되었다.

꼭 산티아고 순례길이 아니어도 오늘도 내게 허락된 일상 속에서도 그 섭리를 보게 된다. 어떤 순간엔 여전히 어리석었고 미련하여서 섭리를 온몸으로 원망하기도 하면서 말이다. 내일 일을 전혀 모르는 내가 정해진 길을 걷는다는 건 꼭 반갑기만 한 건 아니었다. 주님이 예정하신 길을 걸을 때 그분과 나 사이의 거리감만 더 유지하게 될 때도 있고, 모든 인도하심엔 섭리가 있음을 믿어도 전혀 만족스럽지도 않고 감사하지 않을 때도 있다. 그럼에도 '요즘 너 마음을 안다'하시며 먼저 마음 문을 두드리셔서 내게로 향한 사랑이 변함없음을 믿게 되면 다시 안전감을 얻으며 살아가게 된다. 넘어져도 찾아오시고 또 넘어져도 찾아오신다.

더 이상 걷기 힘들고 견딜 힘이 하나도 없을 때는 따뜻한 햇살을 비춰는 태양만이 멋있는 게 아니라고 믿게 되듯이, 편하고 기쁜 일들만이 하나님 섭리가 아님을 비로소 믿게 될 때가 있다. 비로소 그때 어떤 작은 순간이라도 우연은 있을 리 없는 그 섭리 안에 쉴 수 있게 되는 것 같다. 그게 평안이겠지. 평안할 땐 조금 더 용기 낼 수 있는 기회를, 조금 더 걸을 수 있는 힘을, 조금 더 변할 수 있는 여력을, 조금 더 사랑할 수 있는 마음을 갖게 되니 그 섭리 속에 연단되는 걸 두려워하지 말아야겠다는 다짐도 가능해진다.

여전히 예정하신 길을 걷는다는 게 막 흥미진진하지만은 않다. 이해할 수 없는 부분도 남아 있고, 답답하고 무기력함에 쩔어 있기도 하고, 내 짐만 무겁다고 생떼를 부릴 때도 있다. 이럴 땐 나 같은 이를 위해 여전히 성황리에 산티아고 순례길이 사람들로 채워져 있는 건 아닌가 싶다. 늘 동행하시겠다고 약속하셨으니 아무래도 그 길을 꼭 가야되는 건가 싶다. 그 순례길을 완주는 못하더라도 내딛다보면 내가 내 짐부터 내려놓게 될 테니 말이다. 걸으며 순례길을 의지한다기보다 그 길을 걷게 하시는 분의 경륜과 섭리를 바라보는 기회가 되었으면 좋겠다.

3화
입양이 선행이 아닌 이유

"우리가 화려한 건물을 지을 때, 수많은 '인간 성전'들이 배고픔과 집이 없음으로 파괴된다. 만약에 구약의 선지자들이 한쪽에서 어린이들이 굶어 죽어가고 있는데도 수천만 달러의 예산을 들여 건물을 짓는 오늘의 모습을 본다면 살인죄를 범하고 있다고 엄히 질책할 것이다."

"가난은 이웃을 자신처럼 사랑하는 법을 배우지 못한 당신과 내가 만든 것이다."

"교회는 고된 박해의 시기에 가장 건강했고, 안락하고 평온한 시기에 병들었다는 것은 심오한 역설이 아닐 수 없다."

"우린 예수님이 보여주신 사랑을 행하지 않으면서도 예수님을 사랑한다 말한다."

"아이를 입양한 이유가 그리스도인이기 때문에 선한 행실을 해야겠다는 마음은 정말 위험하다. 그게 자기 의가 되어 자기 자신도 속게 되니까. 부모가 되고 싶다는 마음이라야 솔직한 거 아닐까?"

몇 년 전에 집에서 매달 받아 보았던 기독교저널의 내용 중 일부다. 예수 그리스도를 만난 이후에도 여전히 나의 삶은 불완전하고, 만나면 만날수록 편안한 삶이 훼방 받고 있음을 느낀다. 내 행동이 믿음을 증명하고 있기 때문인가보다.

저널에 나온 안젤리나 졸리가 입양을 한 이유도 성장 배경에서의 결핍감 때문이었다. 어찌보면 너무나 자연스러운 것 같다. 입양을 말할 때 정말 조심스러워야 하는 이유는 마음 깊숙한 곳을 솔직히 들여다보면 입양은 선한 행실로 포장되어 회자될 수 없고 되어서도 안 되기 때문이다. 누군가의 부모가 되고 싶을 만큼, 내 안에 결핍된 어린자아를 돌보고 싶은 강력한 본능에 의한 행동이 입양이라고 말해야 하지 않을까.

여전히 입양 아동에 대한 편견이 만연하다. 입양 부모는 착할 것이라는 편견도 강하게 있다. 생모가 못돼먹은 사람일 거라는 근거 없는 편견도 뿌리 깊게 박혀 있다. 입양이라는 방식으로 가족을 이루는 건 부모의 선해서가 아니기 때문에 부모 개인이 원가족과 어떤 심리적 영향을 주고받고 있는지 살펴봐야 한다. 그 선택 자체에 어떤 선함이 원인으로 작용할 거라는 그런 기대는 어울리지 않는다.

내가 입양 부모로 살 수 있었던 건 내가 착한 인간이기 때문이 아니라 내 안에 사랑의 결핍이 있었기 때문이었다. 내 인성이 훌륭했다면 그것으로 육아를 해내기 충분했다면, 난 아이를 키우면서 힘들어하는 사람들을 이해하지 못했을 게 뻔하다.

입양 아동 학대에 의한 사망 사건

사전 입양절차 관리에 만전을 기해야 할 일인가, 사후 입양 가정 관리에 만전을 기해야 할 일인가, 목사 자녀 관리에 만전을 기해야 할 일인가, 기독교 가정 관리에 만전을 기해야 할 일인가, 과시욕에 쩌든 인간본성 관리에 만전을 기해야 할 일인가. 아동 학대로 벌어지지 말았어야 할 일을 온 국민이 겪고 보게 되어서 마음 아프고 뻐근한 마음으로 글을 쓰게 된다.

입양은 철저히 아이 위주, 아이 중심의 입양이 되어야 한다. 그런 의미에서 이런 참담하고 가슴 아픈 사건은 입양 가정이라는 특수성과 상관없는, 부모가 사이코패스이기에 벌어진 사건이라고만 말하긴 어렵다. 입양 자격이 없는 부모에게 아이가 맡겨진 비극이다. 철저히 아이 중심의 입양 절차가 진행되었다면 그 가정은 걸러졌을 것이다. 목사 자녀에다가 기독 정신으로 설립된 대학교 출신으로 외적 조건이 좋았으니 처음엔 걸러지지 못했다 하더라도, 학대의 징후들이 드러날 때 걸러졌어야 했고 아이는 부모와 분리되었어야 했다. 그 과정의 시간들 그 책임을 누구에게 물어야 하나. 부모가 될 수 있는 자격을 공적으로 엄중하게 더 철저하게 검증하고 또 검증해야 한다. 너무 아프게 세상을 떠난 아이에게 정말 미안하다면 우리가 할 수 있는 건 그것뿐이라고 생각한다.

우리도 공개 입양 가정이지만 처음부터 자격이 되어서 부모가 되었다고 여기긴 어렵다. 아직 시설에서 홀로 남겨진 아이들을 생각하면 마음이 편칠 못했다. 공개 입양 가정으로서 세상 매체에 노출되었을 때도 대의명분은 늘 그 점이었다. 입양 가정이 많아졌으면, 시설이 없어졌으면, 모든 아이가 가정의 사랑으로 자랐으면 하는 마음이었다.

그런 마음으로 입양을 열심히 알려왔지만 정작 내 아이 중심의, 내 아이가 원하는 마음에만 집중하지 못한 시간들이었다. 부모가 건강한 마인드를 갖고 아이를 대하면 아이는 내 사랑의 분신이니까 아이도 당연히 그 대의명분을 전수 받을 거라는 순진한 로망을 꿈꾸며 그걸 외워왔다.

멋져 보이는 대의명분으로 매체에 노출되면서 거부할 수 없는 건 내 과시욕이었다. 그 몹쓸 과시욕에 내 스스로 치를 떨면서도 내 의가 드러나는 걸 기뻐하는 약함이 있었다는 걸 부인할 수 없다. 내가 죄인이라고 생각했지만 그걸 또 멈추질 못했다. 왜냐하면 우리 가정을 보며 입양을 하는 가정이 생겨났기 때문이다. 큰 보람이기도 했고 기쁨이고 감사함이었다.

그 시간이 의미 없거나 가치 없다고 여겨지지는 않는다. 하지만 난 그 외부로 쏠려 집중되었던 내 열정과 시간과 에너지를 내부적으로 내 몸과 마음의 건강과 내 아이의 모든 것에 썼어야 했던 게 맞다. 아이가 이걸 정말 원하는지, 아이가 무얼 좋아하는지 무얼 싫어하는지, 마음이 어떤지, 아이와 밀도 높은 시간들을 살을 부비며 부모로 다듬어져 가는 게 더 나았겠다는 아쉬움이 있다. 너무 아파야 깨달았다.

어떤 입양 부모라도 아이를 만나는 순간부터 지금까지 아이의 행복을 위해 노력하지 않는 부모는 없다고 생각하는 건 매우 순진한 생각일 수 있다. 물론 사랑스러운 생명을 받아 아빠-엄마-가족이라는 이름으로 아이 인생에 등장하지만, 입양의 전체 생애주기에는 늘 꿀물이 떨어지는 꽃길만 펼쳐지지 않는다.

부모의 입장에서는 '널 위해 늘 행복을 줄 테니 넌 행복하기만 하면 돼'

식의 자세만 유지해도 부모로서 괜찮다고 안도하게 되지만 아이의 입장에서의 입양은 당연히 (부모도 해결해줄 수 없는) 인생의 난제들이 존재한다. 아이 마음은 부모 마음과 다를 수 있고 아이는 부모와 달리 생각할 자유가 있는 존재다. 부모는 아이가 자신의 정체성에 대해 고민하는 걸 기다려주는 존재로 살아야 한다. 아이와 함께 평생 가족으로 부모와 자식이라는 아주 긴밀하고 좁은 길을 함께 걷는다는 건 따뜻하기도 하지만 육아는 현실이기에 고단한 길이다. 입양으로 가정이 탄생되는 건 아무나 꿈꿀 수 있는 환상이 아니라는 걸 말하고 싶다. 우리 가정은 행복하지만 이젠 난 입양을 아무에게나 권하지 않는다.

가족 안에 사랑만이 안전하고 완전한 양식이라는 사실을 매일, 때론 아찔하게 고비를 넘어오며 깨닫는다. 그 고비가 깊고 아찔할수록 사랑만이 필요했고 사랑만이 답이었다. 아이가 아파하면 나도 아프고 아이가 기뻐하면 나도 기쁠 뿐이다. 입양이 선행이 결코 될 수 없고 되어서도 안 되는 이유는, 입양 가족도 다른 가족과 마찬가지로 매일 일상을 부대끼며 함께 가족으로 살아가기 때문이다.

입양을 돼먹지 않게 자신의 공로로 삼으려는 마음을 부끄러워해야 하고, 입양은 철저히 아이 중심의 절차로 엄격하게 진행되어야 한다. 세상을 떠난 아이에게 미안하다고 말만 하기에, 또는 이 일은 입양과 상관없는 일이라 잘잘못을 따지기 앞서 그저 부끄러울 따름이다. 우리 모두는 그 슬픔을 겪고 있다. 이런 말 할 자격이 나에게 있을까. 두려움을 갖고 내 자신부터 성찰해야 하는데, 나라도 가만히 있어야 하지 않을까 싶은 날에 참지 못하고 그만 글을 써버리고 말았다.

4화
어느새 봄

"이번 겨울은 추운 줄도 모르고 지나갔어."

　겨우내 병원 안에서만 지내야 했던 때가 있었다. 하루 두 번 재활의학과 재활운동을 해내는 것보다 바깥세상과의 단절감을 버텨내는 게 더 힘겨웠다. 고함량 스테로이드제 주사제가 척추에 퍼지며 살을 뚫는 듯한 통증도 견디기 힘들었지만 보고 싶은 친구들을 볼 수 없다는 사실을 견뎌야 하는 것도 아팠다. 병원에서의 시간들이 그 힘듦과 견딤으로 채워지다 보니 병원 밖 추위엔 신경 쓸 겨를조차 없었던 것 같다. 식판을 배선실에 가져다 놓기 위해 남보다 긴 시간이 필요하고, 혼자 화장실에 가려면 같은 방을 쓰는 환우들의 관심이 집중될 만큼 위태로웠다. 병원침대에서 깨지 않고 하룻밤 푹 자보는 일이란 불가능했다. 낮에 의료진과 방문객을 피해 커튼으로 막아놓고 쪽잠을 자지 않으면 안 되었다. 남들에겐 평범한 일과를 누구의 도움 없이 하나씩 하나씩 수행해 내야 했다. 그런 당연한 열정으로 일과를 하나씩 해내다보면 바깥이 추운 줄도 더운 줄도 모른 채 시간이 지나갔다.

식구들은 병원에 늘 모였고 만났는데 서로를 만나러 모이는 길에서조차 혹한기를 혹한기로 체감하지 못했다. 가족이 만날 수 있고 함께 시간을 공유한다는 게 당연한 게 아니라는 건 병원생활 동안 얻은 선물이었다. 병원에서 생일축하를 받았었다. 온가족의 사랑한다는 따뜻한 말 한마디에 바로 넘어갔고 가족 한 사람 한 사람을 그냥 선물로 받은, 정말 쉬운 여자로 거듭나게 되었다. 어디 그것뿐일까. 손가락 하나 까딱거리는 움직거림도 내 힘으로 내 맘대로 할 수 있는 게 아님을 그 많은 중증의 환자들을 지켜보면서 가슴 쓰리게 알게 되었다.

도마처럼 보아야 믿고 만져야 믿을 수 있는 기질이 다분했고, 병원이라는 시스템이 가진 한계를 보면서 불신하는 마음으로 (준)안아키(약 안 쓰고 아이 키우기) 엄마로 살아왔었는데, 병원에선 도움을 주겠다는 따뜻한 마음과 고마운 손길들로 가득함을 내 온몸으로 경험하니 하루아침에 뼛속까지 바뀌는 느낌이었다. 치료하시겠다는 하나님 작정하심은 틀림이 없었고 앞이 보이지 않는 모든 과정들을 치료 가능하게 이끄셨다. 긴 시간을 지루하게 느낄 틈조차 없이, 바깥세상이 여름인지 겨울인지 가깝게 느끼지 못해도, 그 이끄심의 손길은 늘 가깝게 실재했기에 늘 놀라고 감탄하며 살았다. 몸은 힘들었어도 마음에 뜨끈한 게 들어찼다. 사계절 동안 병원에 있으며 내내 그랬다.

마음 안에 어떤 뜨끈함이 있느냐에 따라 계절의 온도를 다르게 느끼는 것 같다. 뜨끈함의 이유야 어떻든 그 뜨끈함의 색깔이 어떤 것이든, 뜨끈함을 느끼는 사람에게 겨울은 더 이상 겨울이 아닐 수도 있다. 봄에 가끔 매섭게 추운 바람이 불어와도 무슨 걱정이 있을 수 있겠나. 고난으로 보이는 시간에 생각지도 못한 뜨끈함의 에너지가 채워지기도 한다. 그 시간을 통과하지 못했다면 결코 알지 못했을 내부적 에너지다. 그 뜨끈함이란 게 커질수록 사는 걸 가볍게 느끼게 되는 것 같다. 땅을 다리로 딛으며 오롯이 느끼게 되는 무게가 무겁더라도 그 뜨끈함이 우리의 삶을 짓누르는 무게감을 털어내기도 한다. 병원에 살아보지 못했다면 계절을 뛰어넘게 해주는 무감각을 느끼지 못했을 것이다.

병원에서의 시간은 끝이 났다. 다시 어떤 겨울의 길을 추운 줄도 모르고 걷게 될지 한치 앞도 알 수 없지만, 그 존재감을 안다고 더 잘 살게 되는 것도 아니지만, 다시 출렁거리더라도 '항해는 본디 그런 거야'라고 되뇌며 그나마 좀 덤덤히 일상으로 돌아가서 살아질 거라 여겨진다. 파도가 없는 항해는 없으니까. 파도를 만나지 않는 사람도 없고. 파도는 우리를 조금씩 파도를 더 잘 타는 사람으로 만들어가고 있을 뿐.

심겨진 곳에서 피어나라

5화
부탁하신 평안

"세상이 요구하는 것을 따르면서 하나님을 제대로 섬길 수 없다."

청년 때나 지금이나 마음속에서 지워지지 않는 고민스러운 텍스트다. 이 문장에 동의도 못하고 부정도 못하며 살고 있는 것 같다. 나는 교회 안에서만 사는 것도 아니고 그렇다고 세상에서만 사는 것도 아닌 양다리를 걸치고 어느 한쪽으로 치우치지 않으려 한다. 사실 엄마 자궁 같은, 원초적 기지로서의 교회에서 먼저 잘 자라야만 세상에서 잘 살아내는 것도 맞는 수순인 것 같다. 그렇기에 교회 안에 머무는 것도 중요하고 세상에 나가 사는 것도 똑같이 중요하다.

하나님은 그의 존재를 우리가 증명해야 하는 어딘가 부족한 존재가 아니다. 그분의 이름을 위해 우리가 대신 세상과 싸워야 하는 것도 더더욱 아니다. 우리 믿음의 대상이신 하나님은 나의 소원성취를 위해 존재하시는 분이 아니기에 우리의 소원성취에 대한 기대와 열망이 믿음이 좋다는 증거가 될 수 없는 것 같다. 믿음은 예수 그리스도와 접붙여지는 그 연합의 과정 속에서 생겨나기 때문에 그 연합의 과정 동안 세상을 어떤 눈으로 보게 되는지는 중요하다. 하지만 난 세상 속에 살면서 세상이 요구하는 대로 세상과 섞여서 살아갈 수밖에 없는 존재다.

믿음이 자라면 세상을 버려야 한다는 가치는 누가 심어준 걸까? 세상 그 무엇보다 그리스도를 소유한 값진 자로서 세상 모든 것을 배설물로 여길 줄 알았던 바울의 신앙의 표지는 내겐 여전히 버거운 것 같다. 믿음의 대상이신 삼위일체 하나님을 알아가는 지식이 쌓일수록 세상과 멀어져야 하는 게 아니라 세상 속에 살며 내게 주신 십자가를 매고 하루하루 살아가는 데 더 매진하게 된다. 그리스도인들이 사회에서 열심히 살고 세상에서 잘 나가는 걸 예수로 만족하지 못하는 상태로 몰아가는 건 편협한 시각이 아닌가 싶다. 동시에 그리스도인들이 세상에서 사회성이 떨어지는 것을 믿음 좋은 것처럼 교회 안에서 가르친다면 그것이야말로 성도들에게 편협한 시각을 심어주는 것이라 생각한다.

세상에서 무얼 하며 어찌 살든 예수 그리스도 없이는 내 자신은 아무것도 아닌 존재가 바로 나임을 인정하며 사는 게 믿음의 시작이자 진행형 아닐까. 세상에 속하며 살이 깎여나가는 고통이 여전히 수반된다. 그렇기에 성도에게 인내는 필수이고, 평생토록 평안하라고 하신 그리스도 안에서의 그 '평안'은 하나님 아버지께서 우리에게 부탁하셨음을 믿으며 사는 수밖에 없다.

"세상에서 오를 수 있을 만큼 올라 성공하여 더 많은 선한 영향력을 펼치며 사는 게 하나님께 영광 돌리는 길이다." 이 문장에도 여전히 동의도 못하고 부정도 못하며 살고 있다. 얼핏 보면 근사해 보이고 세상에서 큰 그림 그려볼 수 있는 열정적인 문장이다. 이런 고지론이 처음 등장했던 시기를 떠올리면 우리나라 1980년대의 양적 성장주도 에너지가 넘쳐났다. 뭐든 많이 높이 크게 빨리 성장하는 것이 시대적으로 '선'(善)이 될 수 있는 분위기였기에 고지론은 한국 교회 안에 신속하고도 깊숙하게 전파되었다.

누구나 반드시 대학을 가야하는 게 당연했고 이왕이면 할 수만 있다면 SKY대학을 목표로 삼아야만 했다. 인력 자원이 워낙 없던 우리나라가 급격한 성장을 해오며 그건 너무 당연한 과정이었다는 생각도 든다. 단지 고지론은 자본주의에서 자연스레 파생한 어떤 확고한 신념처럼 보일 뿐 성경에서 말씀하시는 진리라고 하기에는 너무 빈틈이 많아 보인다. 교회가 숫적으로 양적으로 부흥하던 시기였기에 이 고지론으로 인해 그리스도인이 세상에서 어찌 일해야 하는지 '소명론'이 중요하게 떠오르기 시작했고, '보내는 선교사적' 소명과 마인드가 세워져 왔기에 좋은 영향력도 있어 왔다. 하지만 고지론이 가진 한계는 명확했다. 사단이 예수를 시험할 때 지극히 높은 산으로 가서 천하만국과 그 영광을 보여주면서 '만일 내게 엎드려 경배하면 이 모든 것을 네게 주리라'는 시험이 있었다. 사단은 우리가 권력욕에 얼마나 무참히 깨질 수 있는지 이미 너무나도 잘 아는 존재임을 우리가 모르지 않다는 점이 슬프다. 알아도 우린 계속 넘어지고 일어서고를 반복할 수밖에 없는 연약한 존재다. 예수 그리스도는 우리에게 높은 대로 올라가라 하지 않으셨고 어디에 있든 오히려 그분으로 인해 평안하라 부탁하셨음을 되새겨보면 고지론은 다 맞지 않지만 그렇다고 다 틀리지도 않다. 높은 곳에서의 성공만으로는 참 평안을 누릴 수 없다고 하신 말씀을 믿으며 사는 수밖에 없다.

세상에서 꼭 필요한 사람으로 국가의 일원으로 해야 할 일들을 성실하고 책임감 있게 해내는 좋은 시민으로 사는 건 여전히 너무 중요하다. 동시에 더 잘 먹고 잘 살고 출세하고 소원성취 이루어지길 바라는 마음으로 높은 곳에 오르고픈 마음에서 완전히 떨어져 나오지 못하는 우리의 솔직함도 나쁘다고 말하지 못하겠다. 평생 평안을 부탁하신 하나님 앞에서 여전히 저 두 문장의 영향력에 부정도 동의도 못하고 떨쳐내지도 못하는 나를 본다. 이런 나임에도 불구하고 평안을 주시길 원하시는 그분 안에서 오늘도 평안을 누리길 기도한다.

6화
이 남자로 말할 것 같으면

나는 내일모레가 50살인데 50살 넘은 남편을 오빠라고 부른다. 남편이 몇 년 전 오빠라고 불리고 싶다길래 그때부터 이 나이에 걸맞지 않은 이 호칭은 시작되었다. 우리 사이는 교회 청년부 오빠가 아이들 아빠가 된 전형적인 CC(교회 커플)이다. 서로 같이 나이 들어가면서 설렘을 유지하는 데 이것만한 호칭이 없다는 걸 똑똑한 남편은 알았던 거다. 그래서인지 나도 남편을 '오빠'라고 부를 때마다 왠지 설레고 숨어 있던 연예 감성이 되살아난다. 사실 이 호칭이 가장 좋은 건, 세상에서 내 남편 앞에서만큼은 내 모든 걸 다 내보여도 창피하거나 눈치 보이지 않고 가장 편안한 친구이기 때문일 거다.

남편과 나는 부부로 산지 23년 동안 상대방의 잘못을 지적하기보다는 스스로 괜찮은 사람이 되는 것에 노력해왔다. 그게 저절로 되는 게 아니기에 나름 뼈를 깎고 살이 에이는 고통이 수반되어야 했다. 우리 둘이 그 시기를 겪어왔기에 우린 그간의 우리를 참 괜찮게 여긴다. 연애할 때부터 지금까지 쭉 우리 사이에 진리와 함께 기뻐하는 중심이 있었기에 추운 겨울은 어떻게 통과해야 하는지, 회오리를 만나면 어떻게 버텨야 하는지, 각자 진리를 더듬으며 서로에게 도움이 되어줄 수 있었다. 이 정도면 괜찮은 발전이었고 괜찮은 관계였다고 여긴다.

남편은 전형적인 공대생다운 면모를 머리끝부터 발끝까지 장착한 연구원이다. 다 그런 건 아니지만 연구원답게 세상 똑똑하고 세상 성실하며 진심 순하게 잘 생겼다. 체력만 된다면 하루 종일 떠들 수 있는 나와는 달리 입이 무거워서 말을 자주 하지 않는 편인데, 남편 자신의 생각과 감정을 잘 표현하지 않을 뿐만 아니라 남에 대해 뒷담화조차 하지 않으니 앞담화는 더더욱 안한다. 남 뒷담화 하는 맛이 꿀맛인데 이런 남편하고 사니 뒷담화 하는 재미는 없긴 하지만 인격적으로 성숙할 기회였다고 본다.

"오빠는 뭘 좋아해? 무슨 생각해? 그 사람이랑 뭐 했어? 무슨 말 했어?"

이런 스토커 같은 집요한 질문에 남편은 대답을 귀찮아한다. 말을 옮기는 것도 하지 않는데 자신이 직접 들은 말은 물론 전해들은 말도 모르는 척한다. 말이라는 게 옮겨지며 의도적이든 아니든 판단이 섞이고 왜곡이 일어나기 마련이라는 걸 남편은 알기에 '잘 모른다.'는 말만 전한다. 심지어 의도치 않게 우연히 들은 것은 안 들은 걸로 친다. 나는 남편과 달리 우연히 들은 걸로 혼자 상상력을 펼쳐 소설도 잘 쓰고 공감력이 과하게 만렙이고 말을 듣는 것도 좋아하고 말을 하는 건 더 좋아한다. 나는 과묵하다

못해 무뚝뚝한 남편이 공부와 텔레비전과 기계들하고만 시간을 보내면 외로움을 많이 탔다. 조용히 입 닫고 있는 남편에게 자꾸 뭔가를 말하라 말하라 하는 게 예의가 아니겠다 싶어서 일정부분을 포기했지만, 아마 남편에게 우격다짐을 한다 해도 남편에게 전해들을 수 있는 말은 이것밖에 없을 것이 뻔하다.

"나한테 물어 보지마. 직접 물어보든지."

푸핫, 이런 남편이 어쩔 땐 무신경해 보였지만 살다보니 호흡이 긴 거였고, 어쩔 땐 냉혈한 같았지만 살다보니 인내하는 중이었고, 어쩔 땐 목적지향적인 것만 같았지만 살다보니 집중하는 거였다는 걸, 더 살다보니 남편의 진면목을 더 잘 알겠다. 여우인 거 같으나 의외로 곰인 나와 달리, 곰인 거 같지만 의외로 여우인 오빠. 나보다 언제나 한 수 위 아니었던 적 없다. 그래서 나를 휘어잡으시는 실세인지도, 아니 내가 기꺼이 휘어잡히는 건지도 모르겠다.

항상 둘이 셀카 찍을 때마다 얼굴 앞으로 내밀어 주며 내 얼굴을 작게 보이게 미모를 지켜주는 센스쟁이이고, 가끔 퇴근길에 전화를 주면서 이런 말을 해주는 로맨스도 있다.

"창문을 열고 하늘을 봐."

그럴 때마다 아파트 창문을 열고 하늘을 바라보면 눈앞에 보이는 달과 별이 너무 예뻐서 감격하기도 한다. 가끔은 서로에게 고마운 게 많다는 게 깨달아져서 "내가 더 고맙거든!", "아냐. 내가 더 고마운 거거든!"하며 종종 싸우기도 한다. 확언하자면 내가 더 고마운 게 맞다. 이 부분은 언제나 내가 필승이다. 이제 우리 사이의 슬기로운 부부생활의 덕목에 '너니깐 다

해주는 거야'라는 이 멘트는 서서히 순위가 밀려나고 있다. 우리 사이에 모든 순간이 행복할 수 없다는 사실을 인지했기에 행복하지 않은 순간이 당연히 있음을 인정하고, 내 결정이 남편 마음에 안 들어도 되듯, 남편의 결정이 내 마음에 안 들어도 되기에 이젠 서로 그냥 넘어가는 연습을 하는 중이다. 많은 일들 가운데 우린 헤어짐은 한 번도 상상할 수 없이 참 잘 살아왔다. 이걸 다른 누구와도 아닌 우리 둘이 헤쳐왔다는 게 감사한 일임에 틀림없다.

하나님이 주신 평생 친구. 여지껏 살며 다른 누구도 이렇게 사랑해본 적 없다. '사랑하며 살며 서로를 후퇴시켰는지 성장시켰는지 그 걸 뒤돌아보면 이상적인 결혼생활이었는지 아닌지 알 수 있다'는 부부심리전문가의 말은 맞는 말인 것 같다. 각자 부부의 세계는 다 다르겠지만, 다르기에 흥미진진한 거 맞지만, 부부라는 건 정말 내가 잘 되길 바라는 만큼 사랑하는 상대도 잘 크도록 응원해주고 돕는 사이인 것 같다. 우리 부부는 그렇게 살아올 수 있어서 그래서 좋다. 내가 기쁠 때도 슬플 때도 그 존재가 빛을 바라는 참 좋은 나의 친구. 그간 우리 둘 사이에 쌓아온 의리로 앞날의 결기를 다지며. 오빠! 나 잘 키워주고 고마워.

7화
똑같이 사랑스럽나요?

우리와 같은 공개입양 가정인 신애라씨가 엄마로서 사는 삶을 이야기하는 방송을 몇 년 전 본 적이 있다. 입양이라는 방법으로 아이를 만나 가족으로 살아가는 이야기를 공개하기란 쉽지 않았을 텐데 공인으로서 솔직하게 이야기하는 그녀의 용기가 반가웠다. 그리고 좋은 영향력을 흘려보내는 가정이어서 늘 고마운 마음이 들었다. 방송에서 그녀는 이런 질문을 받았다.

"자녀가 똑같이 사랑스럽나요?"

나도 받아왔던 질문을 그녀도 받았다. 그런 질문은 받을 때마다 우습고 말도 안 되는 질문이라는 생각이 들었다. 사람들은 입양이라는 방식으로 가족이 되어 살아가는 우리들에게 그런 것들이 궁금한 모양이다. 하지만 입양 가정에게 그러한 질문은 실례이고 무례이고 어울리지도 않는 질문이다. 그건 마치 '낳지 않았는데 왜 사랑스러운가요?'와 같은 말이다. 사람들이 진짜 듣고 싶은 말이 무얼까. 사랑하려고 입양으로 가족이 된 거지 그럼 뭐하려고 가족이 되었을까.

그녀는 아이들이 똑같이 사랑스럽다고 대답했다. 우문현답이었다. 그녀는 사람들이 무슨 질문을 하든지 사람들이 들을 준비가 된 만큼만 대답한 듯 느껴졌다. 나도 그런 질문을 받았을 때 그녀와 똑같은 대답을 했었는데, 내 속에 것을 꺼내 말했으니 거짓은 아니었지만 내 속의 모든 감정을 죄다 말하지는 않았었다. 듣는 사람이 무얼 듣기 원하는지, 듣는 사람이 받아들일 수 있는 상태를 봐가며 대답의 깊이는 달리 했다. 즉 수위 조절을 했다. 어쩔 땐 내 감정을 면밀하게 다 보지 못하고 이 모양 저 모양으로 뭉개어서 말할 때도 있었다.

입양 가정마다 저마다 감정의 스펙트럼이 다르겠지만 난 아이들을 사랑하지만 똑같이 사랑스럽지는 않다. 아이 셋을 한 명 한 명 다 다르게 사랑한다. 열을 낳아도 자식이 열이면 열 명 똑같이 사랑스럽지 않다. 아이마다 색깔은 저마다 다르고 아이마다 깨물면 아픈 통점도 저마다 다르던데, 게다가 아이들은 내 맘대로 커주지 않는 존재들이던데 말이다. 왜 자녀들끼리 사랑의 농도와 색깔이 똑같아야만 할까. 똑같을 수 없다. 그게 인간의 영역으로 가능하기나, 가당키나 할까. 자식을 사랑하지만 사랑의 색깔은 다른 거다. 손가락 깨물어 안 아픈 손가락이 어딨나. 다 아프지. 부모로서 아픈 사연이야 아이마다 저마다 다 있고 다 다르게 사랑하는 거지. 왜 굳이 똑같이 아프고, 똑같이 사랑스럽다고 얘기해야 하는 숙명을 입양부모들이 갖게 되었는지 모르겠다.

그녀가 아이들과 일상에서 겪어온 사랑, 통찰, 용기, 눈물, 원칙, 흔들

심겨진 곳에서 피어나라

림을 나도 아이들과 겪어왔다. 우리 입양 가정들이 이젠 똑같이 사랑스럽고, 똑같이 사랑을 주고 있고, 똑같이 느껴지고, 똑같이 야단치고, 똑같이 원칙을 세우고, 똑같이 기회를 주어야 한다는 '똑같이'라는 기준에서 이제 좀 자유로워지길 원한다. 그게 부모와 아이를 위해 가장 자연스러운 접근인 것 같다. 자식이란 존재는 열을 낳아도 똑같을 수 없다는 건 우리 모두가 이미 잘 알고 있으니까. 같은 부모에게서 태어났어도 아이들은 저마다 고유하게 각자의 색깔이 있게 마련이다. 입양했든 낳았든 아이들을 사랑하지만 난 다른 색깔로 똑같지 않게 사랑하고 있다. 아이들은 내 맘대로 내 생각대로 자라주지 않는 존재들이고 아이들은 하나님이 다 다르게 만드셨다. 아이들마다 다른 추억과 사연이 내 마음 속 각각 다른 서랍 속에 담겨 있다. 사람들은 더 속 시원한 질문도 하고 싶을 것도 같다.

"낳은 자녀와 입양한 자녀를 차별하지 않나요?"

난 솔직히 차별한다고 대답하게 된다. 차별의 기준은 입양의 유무와는 아무 상관없고 단지 엄마 말을 누가 더 잘 듣는지에 따라 예쁜 받는 아이는 그때그때 달라진다. 특별히 엄마 마음을 잘 읽어주는 자식 놈이 훨씬 예쁜 법인데 아이가 셋이니 아이들의 상태 메시지가 그게 늘 가변적으로 바뀐다는 데에 반전이 있다. 결론은 우리 집엔 차별은 없고 편애만이 존재하는데 그 편애도 엄마 기분 상태에 따라 달라진다.

8화
사랑만 남는다는 것

시댁 조상님 서른 한 분의 유골을 화장하여 한곳에 모시는 작업을 곁에서 오롯이 지켜볼 기회가 있었다. 그때 난생처음 조상님들의 유골을 보았고 그 자리에서 화장하는 작업을 가족들과 시댁 친척분들과 함께 보면서 어느 누구도 한마디 말도 못한 채 엄숙히 서 있었다. 그 날의 햇살은 평소와 다를 바 없이 따사로웠다. 죽음을 바라본다는 것도 삶의 일부분을 마주하는 것이라는 생각이 들었다. 화장되는 조상님들의 내음새와 땅내음새는 마치 한 몸이었다는 듯 너무 잘 어울려서 나도 모르게 옷깃이 더 여며졌다. 한줌의 재가 되어 땅이 될 나의 미래와 따사롭게 마주할 수 있었다. 죽음이란 끝이 아니라 삶의 일부분이라는 게 위안이 되었다.

조상님들의 유골을 본다는 것, 그분들이 재가 되어 땅과 같이 되는 과정을 본다는 것, 땅을 고르고 묘를 만들고 돌과 나무를 뽑아내고 잔디를 심는 걸 모두 모여 후손들이 해낸다는 게 학교에선 절대 배울 수 없는 경험이었다. 나는 윤씨로 태어나 오씨 가문에서 내 이름을 남기고 생을 마감하게 된다는 것이 그날따라 새삼스럽게 다가왔다. 묘비에 적힌 이름들을 보니 피 한 방울 섞이지 않은 사람들이 만나 가족관계가 되어온 역사가 보였다. 가족은 혈연으로 이루어진 관계가 아니었다. 시어머니, 작은 시어머니, 나 그리고 우리 딸. 이 여성들 모두 오씨 집안과 피 한 방울 섞이지 않았지만 가족이 되었고 생을 나누다가 함께 생을 마감하게 될 운명공동체로서 묘비에 가족으로 기록되었다. 그날 생전 처음 보는 시댁의 먼 친척분들도 나와 피 한 방울 섞이지 않았지만 가족이 된다는 걸 확인했으니까. 그래서 가족과 혈연에 대해 다시 생각해보게 되었다. 피는 물보다 진하지만 사랑은 피를 무력화시킬 수 있다는 게 변함없는 사실이 아닐까 싶었다. 가족이 되는 조건이 있다면 그건 혈연이 아니라 사랑밖엔 없다. 우린 피 한 방울 섞이지 않은 남과 만나 가족을 이루어 정으로, 의리로, 사랑으로 살아가고 있으니 말이다.

그리곤 집에 와서 바다 속 엄마 문어의 일생에 대한 다큐멘터리를 보게 되었다. 산란기의 엄마 문어가 몸을 숨길 수 있는 바위 틈새를 탐색하고 안전하게 수천 개의 알을 낳는 장면을 보았다. 수천 개의 알들이 부화할 때까지 자기 자신은 아무것도 먹지 않았고, 자신이 낳은 새끼 알들을 먹으려고 공격해오는 온갖 바다 생물들을 온 힘을 다해 물리치느라 엄마 문어는 온몸으로 공격을 막아내는 그 와중에 수천 개의 작은 좁쌀 같은 알들이 부화하는 경이로움이 동시에 펼쳐졌다.

새끼 문어들은 엄마 문어가 어떻게 자기를 지켰는지 아는지 모르는지 드넓은 바다 세상으로 마구마구 퍼져나갔다. 그제서야 비로소 엄마 문어도 먹을 거 먹고 자기 살 길을 찾겠구나 싶은 안도감이 들었을지도 모른다. 그러나 엄마 문어는 바로 죽음을 맞이했다. 할 일을 다했으니 이젠 명을 다해도 여한 없다고 말하는 듯, 곧 그 엄마 문어에게로 물고기들이 기다렸다는 듯 몰려들어 엄마 몸을 마구 뜯어먹었다. 아 이럴 수가! 왈칵 눈물이 쏟아졌다.

머리도 너무 작아서 도대체 지능이 있기나 할까 싶었는데 엄마 문어는 내가 해낼 수 없는 그 이상의 사랑을 보여주었다. 아기 문어들도 앞으로 똑같이 엄마 문어와 똑같은 일생을 살아낼 것이라고 생각하니 경외심이 올라왔다. 하나님은 피조물의 세상에 결국 사랑만이 남도록 창조하셨다. 그것은 사람이든 동물이든 마찬가지다. 사실 사랑이 우리를 너무나 아프게 할때도 있기에, 사랑만을 남긴다는 건 쉽지 않고 동시에 어려운 일이기도 하다.

삶에서 무엇이 중요하고 무엇을 남겨야겠는지 멈춰 생각하게 된다.

9화
40대 사춘기

드라마 〈디어 마이 프렌즈〉에서 딸인 고현정이 엄마인 고두심에게 고래고래 소리를 지르며 미친 듯 우는 장면이 있다. 그럴 이유가 있었거나 특별난 사건이 있었던 게 아니었는데 그 장면은 마치 사람과 사람 사이라면 그냥 두 눈 뜨고 봐줄 수가 없는, 미치지 않고서야 저게 가능할까 싶은 장면이었다. 극중 엄마와 딸 사이였기에 그나마 납득이 되던 장면이었다.

엄마 인생의 희로애락을 다 껴안아야 한다고 누가 시키지도 않았는데 그 오지랖을 부리다가 꺼이꺼이 울면서 한번쯤 엄마로부터 떨어져 나오는 존재가 딸인 것 같다. 나도 그럴 때가 있었다. 40살이 갓 넘어가고 나서야 나도 누가 시키지도 않았는데 엄마의 희로애락을 침범하기도 하고, 침범도 받으면서 폭발하게 되었다. 전화로 엄마에게 악다구니를 썼다. 내가 이렇게 하지 않으면 엄마와의 정서적 고리를 끊지 못할 것 같았다. 동시에 내 안에 깊게 뿌리 박혀 있는 피해자 콤플렉스에서 벗어나려면 난 엄마에게 착한 딸이 아니라 나쁜 딸년이 되어야 했다. 그래야 착한 딸로만 살아왔다는 피해자 콤플렉스에서 벗어날 수 있을 것 같았다. 실제로 착한 딸도 아니었는데 말이다.

나를 솔직하게 표현하지 못했고 그간 약자로 길들여져 살아오면서 억울한 감정이 있다고 느꼈는데, 막상 폭발하고 보니 그간 약자로 홧병 걸리게 살아온 것도 온전히 내 선택이었다. 내 아픔의 원천인 엄마에게 폭발한다면 내가 내 상처를, 몸을 도려내고 후벼 파는 것 같아서 참아왔다. 그러나 엄마에게 이제 나를 지키겠다고, 내 인생을 살아야겠다고, 싫은 건 싫다고 말하겠다고, 말인지 비명인지 눈물인지 하소연인지 뭔지 알 수 없는 설움이 대폭발하여 독립선언 비슷한 절규를 하면서 펑펑 울고 있었다. 그때 방 안에 있던 아이가 곁에 와서 가만히 나를 안아주었다. 한참 동안, 엄마에게 정서적 독립선언 후 난 아이에게 당부했다.

"너두 엄마처럼 쌓아 놨다가 폭발하지말구. 바로바로 싫으면 싫다 좋으면 좋다고 솔직하게 말해, 엄마처럼 살지 말구. 엄마한테 무조건 기대어두 좋아. 너가 너 인생을 살도록 엄마가 도와줄게. 너도 엄마 도와줘."

내게 아이가 없었으면 어쩔 뻔 했을까 싶은 순간이었는데 내 아이도 언젠가는 정서적으로 내게서 떨어지기 위해 이런 지랄 맞은 폭발을 하게 되는 시간이 오겠구나 싶었다. 우리 아이들에겐 착한 자식으로 살지 않아도 된다는 메시지를 자주 주어서 정서적으로 자유롭게 놓아주어야만 내가 미래의 언젠가 자식들의 설움 대폭발을 마주치지 않겠구나 싶었다. 폭발도 할 수만 있다면 그리 나쁜 건 아니니 그런 날이 온다 해도 지금의 나를

기억하며 너무 놀라지 말아야겠다고 다짐했었다

　　그 뒤로 엄마를 딛고 일어서서 독립에 성공했는지는 잘 모르겠다. 난 그날이 속시원하기보다 아프게 기억되어서 그런지 더 엄마를 많이 생각하게 되었다. 40살 넘은 딸이 그제서야 마음속에 설움을 털어내겠다고 대폭발했을 때 엄마의 마음이 어땠을까. 딸 마음을 받아내는 게 너무 아프진 않았을까 싶어서 내 마음도 아팠다. 그렇지만 내 마음의 수준이 열 살에 머물러 있든 이십대에 머물러 있든 솔직한 벌거벗은 내 상태 그대로 엄마와 만나야 했다. 난 엄마의 엄마가 아니라 엄마의 딸이니까. 우린 그렇게 서로의 적나라함을 바라보고 넘어가주면서 살아가고 있다. 엄마에게 고맙고 미안하다. 엄마에게 그 날은 어떤 날이었을까.

Episode 1 어떤 일상

10화
따뜻한 교리

교회에서 교리의 가치와 소중함을 깊이 있게 배울 수 있었다. 그중에서 핵심적인 내용은 이거였다.

'성경을 가르치는 이유는 하나님이 이를 통해 자신의 백성에게 말씀하시기 때문이고, 신앙고백을 가르치는 이유는 이것이 하나님께 했던 교회의 말이자 하나님의 말씀에 대한 교회의 응답이기 때문이다.'

하나님 아버지로 향한 자녀로서의 고백과 응답이, 바로 교리라는 사실이 따뜻하게 느껴졌다. '자식으로서 부모에 대한 응답으로서의 교리'라니. 우리들 중 부모로 사는 시간을 못살아보는 사람은 많지만 처음부터 누구의 자식 아니게 사는 사람은 이 세상에 단 한 명도 없다는 게 너무나 와 닿는 섭리였달까. 우린 익숙한 부모님의 사랑을 자주 잊으며 살기도 하고 감사함을 매일 느끼지도 못하기도 하는데, 아무리 극강의 효자라도 우리가 자식이라는 걸 때론 잊기도 하는 건 자연스럽다. 그런 우리 자식들의 처지를 다 아시고 자식을 자식답게 하기 충분한 교리의 보호로 감싸주시는 것으로 느껴졌다.

부모로 사는 정체성보다, 자식으로 사는 정체성이 내적으로 너무나 시끄럽고 단조롭지 못한 나 같은 자녀에게, 교리는 그야말로 진리를 일목요연하게 펼쳐서 정리해 놓아 '성경의 아름다움을 여행할 수 있게 안내해주는 친절한 항해서'로 다가왔다. 결혼한 후 어쩌다 부모가 되어 그간 '부모로 사는 것' 동시에 '나도 자식'이라는 정체성들이 통합되지 못했는데, 그럴 때마다 내 정체성들과 바보같이 싸우는 게 민망스러워서 주님 앞에 나아가기 망설여질 때도 있었다. 그럴 때마다 교리는 언제든 아버지께로 향해 나아가고 항해할 수 있도록 나를 도와주었다. 그리고 지금도 날 주님의 자녀로 살게 해준다. 영원하신 하나님의 불변의 사랑을 받는 존재로 산다는 안전감을 교리를 통해 느낄 수 있었다.

교리를 몇 번이나 반복해서 읽고 쓰면서 무릎을 꿇고 기도하게 되었다. 무릎이야 꿇든 안 꿇든 기도의 내용과 본질과 아무 상관없다고 여겼었는데, 교리를 통해 하나님 아버지를 대하는 태도를 자연스레 익히게 된 것이다. 물론 어떠한 자세로도 기도할 수 있지만, 교리를 통해 자연스럽게 응답하시는 하나님에 대한 경외심이 들었다.

여전히 하나님보다 내가 더 지혜로운 순간이 있는 것만 같고 아직도 하나님 앞에 굴복시키지 못한 질긴 자존심들을 내 무릎 하나 꿇리는 것으로 퉁치는 게 참 손쉽다고 생각했다. 하지만 막상 짧은 시간이라도 무릎 꿇는다는 것은 물리적으로 쉽지 않고 마음이 움직이지 않으면 할 수 없다는 걸 알게 되었다. 마음이 중요하지 형식이 중요하지 않고 본질이 아닌 경우는 더더욱 보이는 것에 의미를 두면 비본질로 주객이 전도될 수 있다고 믿었기에, 기도할 때에 되도록이면 골방에서 혼자, 짧게, 편한 자세로 했다. 하지만 이젠 교회라는 공적 장소에서 통성으로 길게, 기도드릴 때는 닥치고 무릎을 꿇게도 되었다. 무릎 꿇음에는 이미 경외심이라는 마음이 담긴 것 같다.

　세상 진솔한 책이 소요리, 대요리 문답이라는 결론을 남편과 내린 적이 있다. 이렇게 진솔하게 성경을 정리한 책이 있을까. 너무 진솔한 나머지 재미와 감동을 느껴야 하는 책읽기의 즐거움은 없지만, 가장 중요한 가치를 보면서 쓰면서 정리해보는 진솔한 시간은 확보된다. 교리문답이 성경을 대신할 순 없어도 교리문답을 대신할 교리문답은 없겠지. 교리의 따뜻함을 예술적으로 실현하며 살고 싶다. 예술적으로 삶을 꽃피우다 보면 내 정체성과도 화해하여 통합될 날이 오겠지.

　교리의 소중함과 자녀로서의 안전한 응답의 마땅함에 대해 열성적으로 전해주신 새소망교회의 가르침에 감사하다.

11화
수운 배경이 된다는 것

오래 다니던 병원의 진료가 끝났다. 이제 다 마친 셈이다. 일 년 넘게 미친 년처럼 울며 살았고 웃어도 눈물이 나던 시간을 보냈다. 정작 힘든 건 아파서가 아니었다. 그간 40대 후반까지의 삶이 모두 부정 당하는 것 같아서 나는 내 자신과 잘 지내는 게 힘겨웠다. 내 모든 것이라 여겨온 나름의 존재감이 병원에 가게 되자 한번에 무너져 내렸다.

난 어릴 때부터 부모님 인생의 아픔과 질곡을 껴안아야 한다고 생각했었고 반복해서 다짐까지 했었다. 그랬던 바람에 두 분 관계가 안 좋아지는 걸 볼 때마다 늘 죄책감 같은 게 들었었다.

'내가 도움이 안 되는구나.'

두 분 사이에 내가 도움이 안 되어서 슬프고 우울했다. 지금 생각해보면 도대체 어린아이가 무슨 최강 똘끼로 주제 파악도 못하고 누가 누굴 돌보려고 했는지 안쓰러운 게 사실이었다. 어린아이의 행복 따윈 어린아이에겐 중요하지 않았었다. 이젠 부모님 편찮으신 소식에 가끔 뵈러 서울에 갈 때마다 여전히 자식은 부모님 인생에 도움이 안 된다는 걸 확인하며 집에 돌아오게 된다. 곁에 있어도 없어도 자식이란 존재는 부모님께는 늘 걱정스러운 존재인 거다. 병원에 오래 있는 동안 내게 달라진 게 있다면 부드러워졌다는 건데, 부모님도 한 해가 다르게 부드러워지신다는 게 나와 같은 속도의 변화인 듯하다.

우리 아이가 언젠가 나한테 "엄만 참 쉬운 여자야. 엄마가 무서울 때도 있었는데 알고 보니 엄마같이 쉬운 사람이 없어."라고 얘기해준 적 있었다. 어릴 때부터 부모님한테는 나같이 쉬운 딸이 있었을까 싶을 정도로 내 표현이라는 걸 못하고 커온 것이 아쉬울 때도 많았는데 이젠 부모님 편찮으시단 소식을 들을 때마다 내가 좀 쉬운 딸로 살아왔다고 아쉬운 게 이제와서 그게 무슨 소용인가 싶다. 아이한테 쉬운 사람이라는 소릴 들었는데 더 바랄 건 없다. 그거면 된다.

그런데 동시에 부모님 뵙고 오면 마음이 괴로울 때도 있다. 부모님께 내가 더 부드러워지기 위해, 더 쉬운 사람이 되기 위해 내 자신과 더 이상 싸우려 들려하지 않기 때문인 것 같다. 힘들 때도 행복하지 않을 때도 가족이었고, 서로의 잘못을 이해해줄 때도 서로가 힘들 게 살 때 따뜻한 말 한마디로 공감해줄 때도 가족이었다. 식구들 한 사람 한 사람의 짐을 따로 또 같이 매면서 고비를 함께 건너오면서 비로소 가족으로 완성되어 온 것 같다. 친정을 생각할 때마다 부모님 앞에선 한번도 내색하지 않았지만 각자의 자리를 지키며 산다는 것이 얼마나 고단하고 의미 있는 건지 모르지는 않았다. 의미 있는 일이 다 재미있지는 않기에 난 그 시간 동안 재미는 없었지만 진지함을 갈고 닦으며 마음 깊은 곳에 담구며 살았다. 이젠 더 이상 어린아이가 그때 그랬던 것처럼 내가 다 껴안으며 사는 걸 선택하지 않는다. 십계명, 특히 5계명을 읽을 때마다 들었던 죄책감에서도 벗어났다. 굴절되고 왜곡된 바람직하지 못한 자아상이었다.

마지막 진료를 받으러 병원을 다녀오며 눈물이 났다. 하나님께서는 내 지난 시간들, 하나도 버릴 것 없이 내 모든 시간들을 사용하셨다는 걸 누구보다 내가 잘 안다. 멍한 고통, 강한 공포감, 지독한 상실감, 예민함의 멍에, 세심한 돌봄을 받아보지 못한 나 같은 찌질이가 느끼는 감정의 한계, 극복해온 시간들. 이것들이 병원 생활을 하는 데 자산이 되었다. 아이를 이해하고 아이와 좋은 사이가 되는 데에 나의 어릴 적 시간들이 모두 필요했다. 하나도 버릴 것이 없었고 의미 없는 것이 없었다. 이런 걸 감사라고 하는 거겠지.

'내가 도움이 되는구나.'

살다보면 정말 기분 좋은 순간이 있다. 그간 힘든 시간들에 감사했다. 누군가에게, 사랑하는 이들에게 쉬운 배경이 기꺼이 되어준다는 건 사실 쉽지 않다. 내가 얼마나 사랑받아왔는지, 소중한 존재로 커왔는지 꺼내볼 추억의 서랍이 있어야 가능한 것 같다. 사랑으로 채워온 무형의 정서적 적금통장이 빵빵하게 있지 않으면 사실 불가능하다. 그게 결핍된 상태로는 누구에게 쉬운 사람도 되기 힘들고 누군가의 배경이 되어 주긴 본능적으로든 후천적으로든 어렵다.

품이 넓은 사랑의 권위를 경험해본 사람만이 내 품을 선선히 내어줄 수 있다. 그게 부족한데 그렇게 하겠다고 나섰을 때, 사랑의 권위보다 권위를 더 사랑하는 내 자신을 자주 마주보게 되었다. 그때마다 후유증을 대방출하는 나를 보며 절망했고 서글펐다. 뭐랄까 나 같은 사람은 하마터면 정말 강하거나 너무 외로운 사람으로 살 뻔했다. 정말 강하거나 너무 외롭거나, 같은 말인데 참 안쓰러운 상태 아닌가. 남에게 나를 선선하게 내어주는 데 아직까지도 인색한 부분이 있는 걸 보면 그렇다.

우산을 내어주는 데 선선하거나, 공로를 내어주는 데 선선하거나, 시원한 자리를 내어주는 데 선선하거나, 따뜻한 양지를 내어주는 데 선선하지 못한다. 웬만해선 이 바뀌지 않는 내 자신이라고 해도, 나무에서 떨어진 원숭이가 다시 나무에 올라가는 것밖에 할 수 없듯이, 오늘도 내 미성숙함을 계속 사용해보면서 내 자신에게 친절하게 대해주려고 노력한다.

내가 나부터 돌봐주고 지켜줘야 사랑하는 이들에게 쉬운 사람도 될 수 있고 배경이 되어줄 힘이 생성되니까. 내 소갈딱지를 내가 잘 아니 누군가의 배경이 되어주는 건 힘겹다. 힘겹지만 배경으로 산다는 건 몸과 마음이 좀 평평해질 수 있어서 좋다. 좋지 않은가! 굴곡 있는 인생 뒤에 평평한 배경이 되어주는 것이. 그런데 언제까지 미성숙을 사용해야 성숙해지는 걸까? 나만 빼고는 다들 잘 사는 것 같은 이런 기분은 기분 탓인가. 살다보면 세상의 중심이 내가 아니라서 평안이 몰려올 때가 있는데 이런 게 '쉬운 배경 본능'인가보다.

심겨진 곳에서 피어나라

12화

그가 가신 길

생각이 자랄 때 즈음에는 예수가 창기와 세리들과 만나고 함께 식사를 나누고 그들과 사귀었다는 사실을 이해하기 힘들었다. 그들은 누가 봐도 사람들에게 도덕적으로 비난 받을 만했고 형편없어 보이는 부류의 사람들이었는데 예수는 못나 보이는 이들에게 형제라고 부르기를 꺼리거나 부끄러워하지 않으신 점은 나를 당황케 했다. 나 같은 사람은 속 시원히 욕을 날려주고 싶은 부류의 사람들인데 말이다.

살다보니 교회 안 공동체에서 지체들과 의견이 일치하지 않을 때도 있고, 어떤 건 잘못된 판단이 뻔히 보여서 비난하고 싶을 때도 있었다. 어쩔 땐 교회 안에서는 내 생각과 의견을 자유롭게 표현할 수 없었다. 교회가 이래도 되나 싶었고, 뭐랄까 당회가 다 정해놓은 길로만 걸어야 된다는 것은 다양한 의견이 표현될 여지조차 차단되는 것 아닌가 하는 느낌이 들 때도 있었다. 입장과 의견이 각자 다르다는 게 존중받기보다 획일적으로 분위기가 흘러가는 것이 폭력적으로 느껴질 때도 있었는데 그럴 때마다 예수 그리스도께서 보여준 그 모습이 떠올랐다.

동시대를 살고 있는 크리스천들이 잘못해서 세상에서 비난을 받을 때에는 곧잘 맹렬히 비난하기도 했지만 그러다 이내 풀이 죽어버릴 수밖에 없었다. 나도 다르지 않다는 걸 알았기 때문이다.

예수 그리스도를 생각하면 그랬다. 그 연약함의 아픔이 내 아픔까지는 아니더라도 동시대를 살고 있는 기독교 생태계에서 내 눈에 찌질하게 보인다 하더라도 그들은 예수 그리스도 안에서 결국 나와 연결된 유기체이지 않던가.

우린 다 다른 입장일 수밖에 없다. 신학도 신앙도 일상도 기질과 성향과 생각도 하나님이 창조하신 수만큼 다양하다. 그러니 나는 맞고 당신은 틀리다 말할 수 없고, 나는 틀리고 당신은 맞다의 논조도 성립되지 않는 것 같다. 그저 다양함을 수용하고 받아들여야만 할 것 같다. 그렇지 않으면 세상에서 손가락질 받는 못난 지체를, 혹은 그런 처지에 처할 수도 있는 내 자신에 대해서도 우리의 태도가 변할 수 없어 보인다.

꼴보기 싫은 지체가 있다고 해서 가르치고 교정하려 들기보다 그의 문제를 내 문제로 여기며, 그 길을 먼저 가신 예수 그리스도 앞에 들고 나가 어려움을 토해내고 속이 뒤집어지더라도 울면서라도 한걸음씩 그와 함께 걷는 수밖엔 없을 것 같다. 어느 시대마다 어느 교회마다 못나고 찌질하고 차지도 뜨겁지도 않은 지체들과 교회들의 연약함을 이미 다 아시고도 한 번도 교회와의 관계를 끊지 않으신 예수 그리스도시니 말이다.

자기를 낮추고 기꺼이 친구가 되셨고 우리를 종으로 대하지 않는 예수 그리스도이시니, 내 마음에 들지 않는 지체와 친구가 되어갈 때 가장 중요한 건 나를 낮추는 것일 것이다. 나를 낮추지 않으면 친구가 되기 어렵다는 건 받아들이기 쉬운 일도 아니고, 예수께서 우리들의 삶 그 길 위에서 보여주신 대로 그 길을 걷는 것 또한 결코 쉽지 않다. 어렵고 힘들다. 내 안에 내재된 힘으론 안 되니, 이미 아시니, 의지하라 하셨겠지.

걸으라고 보여주신 그 길을 걸을 때 원치 않던 고통을 만나기도 하기에 그 통증이 우리를 키워왔고 아픔으로 성장했다고 생각하는 게 너무 당연하지만, 꼭 그렇지만은 않은 것 같다. 그 길을 걸으면서 내 안에 변화가 가능했다면 그건 고통 그 자체 때문이 아니라 예수 그리스도 앞에 무릎 꿇었기 때문이었음이 인정되기 때문이다. 고통의 시간은 오히려 나를 더욱 강퍅하게 만들 수 있었다. 사람이 여리고 연약할수록 고통 가운데 있으면 더 메마를 수도 있는 것 같았다.

그가 지신 십자가 앞에 나는 아무것도 아니라고 인정하면서 내 죄를 대신 담당하셨다는 사실 앞에 한 발짝도 물러날 수 없었을 때라야, 내겐 변화가 가능했다. 그걸 은혜라고 하는 거겠지. 입만 떼면 습관처럼 나를 키운 건 팔 할의 바람이라고 떠벌리기도 했는데 나를 키운 건 바람이 아니라 십자가 앞에 나올 수밖에 없던 내 한계와 직면했던 숱한 순간들이었다. 고통 가운데에서 머무는 것과, 십자가 앞에 나와 그의 보혈을 지나 하나님을 아버지라 부르며 내 삶에 주인 삼는다는 것은 별개일 수도 있었다. 그가 가신 길, 그가 사신 삶을 묵상할 때마다 낮아지기 싫어하는 내가 오늘도 여전히 보인다. 부디 긍휼히 여겨주시기만을 기도한다.

13화
당신의 자리

자녀를 입양하고 싶어하는 분들이 생각보다 많은 것 같다. 그런 분들과 이런저런 대화를 나누다보면 많은 대화가 결국 성장 과정에서 원부모와 관계를 어떤 패턴으로 맺어왔는가의 문제로 귀결된다는 걸 반복적으로 느낀다. 입양부모가 된다는 것, 입양아를 내 아이로 철썩 같이 받아 키운다는 것은 그 과정 속에 숨겨진 솔직한 나를 발견하고 끌어올리는 의미 있는 시간을 갖기에, 양육과 케어의 시간은 자아성찰의 작업이 되기도 한다. 진정한 나를 찾아 떠나는 여행이 입양부모로 사는 길이라고 해서 그렇다고 부모의 못다 이룬 자아 욕구와 성찰의 만족을 위한 목적으로서의 입양만이 되어서는 안 될 일이다. 실제로 그 이유만으로 그 길을 걷는 부모는 없다.

가족을 이루는 방법은 한 가지만 있지 않고 여러 방식으로 가능하다는 것은 창의적인 선택이기도 하다. 그 창조성이 입양 가정 안에 발현될 때

심겨진 곳에서 피어나라

완전한 가족으로 탄생되는 과정에 필요한 재료는 사랑밖에 없다. 입양 가정을 창의적인 가정이라고 지칭한다면 그건 창의를 가능하게 하는 오브제도 사랑밖엔 없었다. 집이 좁고 돈이 부족하고 건강이 부족해도 가정은 해체되지 않을 수도 있지만 사랑이 부족하면 해체 위기에 놓인다. 사랑은 감정이기도 하지만 의지이고 노력이고 기술이자 능력이기에 가족으로 사는 데 필요한 다른 재료들이 부족해도 사랑으로 집중되고 귀결되게 인도하는 힘은 사랑 안에 이미 내재되어 있는 것 같았다.

하나님은 날 덮어놓고 사랑하신다. 아이들의 부모가 되어가는 과정에서 그걸 배워왔다. 아이들을 덮어놓고 사랑해야하는 그 훈련의 과정은 힘들지만 그 과정 안엔 많은 매력이 숨겨져 있었다.

내 배로 오지 않으면서 내 인생에 찾아와준 내 아이와 함께 살을 부비며 뒤엉켜 살면서 난 내가 꽤 괜찮은 사람이라고 생각했다. 하지만 아이들을 키우면서 그게 여지없이 깨졌다. 내 어린 아픈 자아와도 직면하게 되었기에 아이들을 돌보는 엄마로 살아간다는 건 동시에 내가 날 돌보는 시간들이기도 했다. 내 실체를 깨우쳐가면서 내가 반드시 성장하지 않으면 아이들을 있는 그대로 용납하지 못하는 상태로 바로 떨어져버렸으니까. 아이들 성장을 돕는 조력자로 아이들 곁에 있으려면 나도 반드시 함께, 아니 먼저 성장해야 했다. 덮어놓고 사랑하시는 하나님 아버지의 사랑이 내 안에 가득 차 있지 않으면 빛의 인도함을 따라간다는 게 쉽지 않았다. 입양 엄마라고 특별히 착하거나 선한 존재가 아니기 때문이다.

지금 우리 집은 입양 생애주기 발달 과정 중 청소년기를 충실히 지나가고 있다. 언제나 부모로 살아왔지만 항상 지금이 그나마 가장 나은 부모인 것 같다. 삶의 지점마다 이 고백은 끝이 나질 않는다.

'부모가 성장하지 않으면 아이가 나를 키워나간다.'는 어디선가 본 이 문장은 사실 부모로선 슬프고 아픈 일이다. 드라마 〈동백꽃 필 무렵〉에서 번번이 눈물 나는 지점이 그 부분이었다. 동백이 엄마가 딸을 키우지 못한 지난날에 대해 말한 장면.

"사는 것이 벌 받는 거 같았어."

이렇게 말하는 동백이 엄마의 말에 나는 무슨 말을 찾을 수 없는 마음으로, 그 엄마가 등장하는 장면에선 마음이 늘 먹먹했다. 내 아이도 낳아준 엄마에 대한 상실감으로 어릴 적 마음 아픈 시간들을 통과해왔기 때문이다. 그때 아이는 아이 생명의 뿌리에 대한 본능적인 마음이 채워지지를 않아 힘들어했다. 아이가 자신의 뿌리를 알고 싶어도 알 수 없어서 우는 아이를 본다는 건 너무 안타까운 일이었다. 아이를 안고 함께 울 수밖에 없었다. 아이를 낳아준 생모의 자리를 아무리 대신하려 해도 대신할 수 없다는 걸 아프게 받아들여야 했다.

아이 어릴 때부터 입양에 대한 건강한 에너지를 내고 주고받는 게 우리 가족의 일상이었다 해도, 아이가 울 때는 함께 부둥켜안고 우는 것 밖에 할 수 없어서 무기력감이 밀려오기도 했다. 아이 인생에 부모도 해결해줄 수 없는 게 왜 이리 많은가. 기억나지 않더라도 아이 안에 의식적 또는 무의식적으로 이미 아이 안에 내재되어 있는 분리의 경험이 아이를 힘들게 했다. 가슴 아픈 순간을 대신 겪을 수 없다는 한계도 맛보았다. 아이의 역사의 시작을 누구도 알 수 없고 시작의 흔적을 찾을 수도 없다는 게 입양부모의 치명적인 원죄 같은 거였다. 우리 아이는 학령기 어릴 때 이 부분과 홀로 싸웠었고 지금은 마음이 커가며 스스로 자기 감정을 처리하고 극복하며 대견하게 잘 크고 있다. 내가 곁에서 해줄 수 있는 건, 아이 마음을 물어보고 공감하면서 울고 안고 기도하면서 아이 옆에서 늘 엄마로 있어주는 것밖엔 없다. 이 시간들을 겪으면서 어떤 생명이든 자신의 시작에 대해 알 권리를 누렸으면 하는 마음은 아직도 여전히 강하게 있다.

동백이 엄마가 동백이 앞에서 '사는 게 벌 받는 거 같았다'고 울 때 나도 펑펑 울었고 아이는 우는 나를 위로했다. 내가 아이를 위로했어야 되는 상황이었는데 아이는 동백이 엄마의 마음을 다 이해 못하는 듯했다. 아이가 다 이해할 수 없는 게 너무나 당연한 거라 여겼다. 드라마가 종영되고 아이와 여러 가지 대화를 나누었는데 아이 마음에 숨겨져 있는 감정을 표출해 내는 데 있어 드라마 곳곳에 연결되어 있는 연결고리 덕분에 아이와 나는 감정을 맘껏 드러내고 처리해나가는 데 도움을 받을 수 있었다. 그럼에도 여지껏 아이의 보이지 않는 원형적 존재인 생모에 대한 내 마음은 늘 겹겹이 보인다. 난 그녀가 우리 아이를 위해 건강하게 행복하게 살아주길 간절히 바란다. 동백이 엄마를 보며 내 아이 생모에게 이 말을 꼭 전하고 싶었다.

"저는 우리 아이가 정말로 행복했으면 좋겠어요. 아이의 마음속에 당신의 자리가 없어진 적 없었답니다. 아이에겐 원초적 상실의 자리죠. 저에게도 '아이 안의 당신의 자리는' 제가 벌 받는 것 같답니다. 앞으로도 계속 그럴 거 같아요. 제가 아무리 노력한다 해도 그 자리를 대신 할 순 없다는 이런 현실이 아파요. 그 자리는 당신 외에는 누구도 채울 수 없어요. 그러니 아이를 위해 이젠 벌 받지 말고 당신 자신을 위해 건강하고 행복하게 사세요. 아이를 위해 죽고 싶을 만큼 힘든 순간이 있더라도 죽지 말고 살아주세요."

난 이 말 말고도 다른 할 말이 많지만 이 말만 해야 할 것 같다. 부모는 그저 내 자식 잘되기만을 바라는 이기적인 존재들일 뿐이고, 난 그런 엄마일 뿐이다. 내가 부모로서 성장하는 게 더디면 아이가 나를 어떤 방식으로든 성장으로 이끈다.

14화
나의 교회 순례기

살면서 다른 어떤 시간보다 교회를 정할 수 없던 순간들, 정할 교회가 없었을 때가 너무나도 힘들었다. 그 힘듦은 상상하는 것 이상이었다. 세상에 모든 교회는 모두 불완전하다는 사실을 일부분만 알게 되었을 뿐이었는데도 예배의, 안식일의, 진리의 보호를 받지 못할 때 영혼의 상태를 확인한다는 것은 생각보다 무서운 일이었다.

살면서 네 곳의 교회를 다녔다. 세상에 옳고 그름의 기준이 무엇이어야 할까에 대해, '누가 옳을 수 있을까? 누가 틀리다는 걸까?'에 대해 고민해왔다. 그러다가 '우린 다르다는 것이, 옳고 그름의 기준이 될 수 없다는 사실을 잘 잊는 것 같다'는 어느 페친이 쓴 문장을 보자마자 무릎을 탁 치게 되었다. 그렇다. 내가 남과 다르다고 내가 옳은 기준이 될 수는 없다.

난 교회 안에서 자주 남의 틀림 위에 설 수 밖에 없는 건가, 우리만 옳다는 건가, 판단해야 지킬 수 있는 가치란 건 얼마나 처량한 건가 싶은 순간을 마주했다. 판단은 오직 하나님만이 하신다는 걸 종종 잊고 그분을 경외해야 하는 자리에서 벗어나 판단자의 자리에 올라서게 되는 한계를 보며, 성경 말씀으로 나를 변화시키는 데 집중하기보다 남을 변화시키는 것에 본능적으로 공격하는 내 자신이 싫어졌고 질려갔다. 아름다움을 찾아내기보다 판단자의 자리에 올라서기를 습관처럼 하게 되는 내 한계를 맞닥트리면서 많이 힘들었다. 그즈음 난 타인이나, 다른 교단이나, 다른 교회의 잘못을 얼마나 쉽게 지적하고 판단했는지 내가 나를 볼 수 있는 눈이 없었는데, SNS 친구분께 이런 충고를 받게 되었다.

'남의 단점을 말하지 말고 자신의 장점을 믿지 말라. 즉 남 흉보지 말고 자기 잘난 체 말란 말이다. 자신의 신앙 혹은 신념을 들어 타인을 정죄하는 사람들이 있다. 자기 옳음, 즉 자기 의에 빠진 사람이다. 우리는 아무도 옳지 않다. 자신이 바른 길을 걷고 있다고 믿는다면 그냥 묵묵히 걸어가시라. 그리 못가는 사람들 업신여기고 비난의 말투를 던지지 마시고, 당신보다 더 올바른 삶을 살아도 타인을 비난치 않는 사람도 무수히 많다는 사실도 적시하시라. 누구에게는 쉬운 길이 어느 누구에게는 정말 어렵다. 자랑치 말고 자신의 길을 묵묵히 가시게나….'

타인의 잘못을 지적하기는 쉽지만 내가 먼저 좋은 사람이 되는 것은 그때 나로서는 너무 어려운 일이었다. 이 충고를 받으니 부끄러웠다. 따뜻한 말 한마디, 말투 하나, 나보다 남을 낮게 여기지 못하는 내가 잘 보였다. 나부터라도 교조주의에 빠지지 말고 믿음은 내면으로 지키고, 판단을 밖으로 외치기보다 다름을 포용하고, 아무리 옳다고 확신하는 것이라 할지라도 강요하지 않는 사람으로 살아보자고 다짐했다. 그러다 또 넘어지고 까이고 자빠지고 뒹구르기를 반복하기도 했지만 말이다.

어느 교회든 사랑스러운 부분이 있고 괴상한 부분도 있다. 범상치 않게 굳건한 면도 있고 고개가 갸우뚱거리게 이상한 부분도 있다. 때로는 건강하지만 때로는 아프고, 얼핏 보면 멀쩡해 보이고 깊숙하게 들여다보면 교회는 일그러져 있다. 분명 교회는 예수님이 살아계셔서 통치하고 계시지만 교회 안에서 서로가 상처를 입히기도 하며, 천국도 지옥도 경험한다. 교회의 허물을 모두 다 감싸 안을 수 있는 사람은 한 사람도 없을 것이다. 하지만 또 언제나 감사할 것은 그리스도의 통치하심이 아니면 아무것도 아님을 고백하면서 회복을 경험하기도 한다. 그렇기에 교회를 본의 아니게 순례하게 되면서 하나님께서 이 세상에 두신 것 중에 이토록 하나님과 화목하게 하는 곳 또한 교회 밖에 없다는 것도 깨닫게 되었다. 그랬기에 교회 안 공동체에 속한 우리 한 사람 한 사람은 그리스도의 몸을 이루고 있는 지체로 연결되어 있는 존재들이고, 우리는 우리 스스로를 규정하는 그 어떤 범주보다 큰 존재임을 귀하게 받아야 함도 알게 되었다. 저마다의 죄 된 모습으로 모여서 함께 예수 그리스도를 따르는 공동체가 교회이기에, 말씀이 전해지려면 성령의 인도하심에 따르려면 서로 떡을 떼고 교제하려면 어떤 활동을 하려면, 우리에게는 공동체에서 지체로 '묶여 있는 서로'만이 절실히 필요하다는 점도 그랬다.

이사 후 나는 네 번째 교회를 다니고 있다. 내 고집적인 편견과는 다르게 세상에 좋은 교회는 많았다. 감사한 일이었다. 40대 후반 줄까지 살아온 동안 내 수준에서 보기에 옳은 곳, 바른 곳, 좋은 곳을 찾았다. 교회와 관련해서는 급한 성격에 맞지 않게 기다리는 삶도 살아보았다. 그렇게 기도하며 살다보면 알아보게 되어있다고 확신했었는데 그러한 인도하심을 실제로 받아온 시간들이었다. 때때마다 쉽지 않았고 녹록치 않았고 괴로웠고 자책하느라 잠도 못 잤고 힘겨웠다. 살아온 모든 순간은 흔적을 남기기 마련이니 살수록 겸손과는 거리가 먼 사람이 되어가는 것 같았고 그러니 겸손이라는 말은 함부로 꺼내들 수 없었다. 겸손에 대한 오랜 수업을 반복적으로 지난하게 받고 있는 것으로 여기며 버텼다. 한 교회에서 버티며 교회를 지키며 감사함을 찾는 삶은 귀한 게 정말 맞다. 나 같은 사람은 교회를 옮기며 내 생각이 옳다는 걸 확인받을 때는 교만해지기 쉬웠고 동시에 내 생각이 틀렸다는 걸 확인받을 때는 깎여나가느라 아팠다. 돌이켜보면 모두 감사한 시간들이다.

살아보니 내 수준이란 건 바뀐다. 가변적이다. 누구도 옳지 않다는 점에서 멈춰 서게 된다. 누가 누굴 판단할 수 없으며 아주 미세하게라도 선을 밟고 아예 선을 넘어버리면 무례하다는 결론에 다다르기도 했다. 어디나 선할 수 없고 문제는 존재하기 마련이니 누구도 옳지 않다는 걸 뼈에 새겼기에 함부로 선을 밟거나 선을 넘지 않는 것에 대해 고민했던 것 같다. 이런 나에 대해 죄책을 버리는 작업은 때론 괴로웠고 때론 가벼워지게도 했다. 이제 더 이상 판단하는 사람으로 무례한 사람으로 살고 싶지 않다.

어디서든 내가 먼저 좋은 사람으로, 좋은 존재로 살면 된다는 믿음이 솟는다. 아름다움은 탐미의 대상을 찾아다닌다고 찾아지는 게 아니라, 내 안의 눈을 되도록 아름답게 바꾸는 게 먼저라는 것도 깨달았다. 옳거나 완벽하거나한 아름다움의 실체는 존재할 수 없다는 걸 인정하는 제4의 길로 들어섰기에 여태까지 그래왔듯 하나님의 인도하심은 선하다는 사실을 믿는 것에 열심을 내고 싶다. 그렇게 열심을 내다보면 어떻게 살아야 행복한지 아는 내가 되겠지. 사랑과 자존과 겸손으로 살아졌으면 좋겠다.

여러 교회를 순례하는 동안 난 교회들마다의 실체들을 만났다기보다 어쩌면 내 안에 있는 자아의 다양한 면을 여행해 본 기회였는지도 모르겠다. 다양한 교회들 속에서 나의 문제와 나의 가능성을 동시에 보고 경험하면서 때때마다 하나님의 통치권을 인정하게 된, 내겐 꼭 필요한 과정이었는지도 모르겠다. 나의 교회 순례기는 겸손에 대한 오랜 수업을 받아올 수 있게 된 그간의 여정이었다. "도망쳐서 도착한 곳에 낙원은 없다."

오늘을 살다

C'est la vie

1화

YOU are HOME

몇 년 전 캐나다에서 총격 사건이 발생했었다. 신문 기사로 그 사건을 알게 되었는데 그 사건의 원인과 배후, 전후 상황을 정확하게 파악하지 못하겠지만 이슬람 관련 총격 사건이었던 것으로 기억한다. 그 여파로 이슬람 사람에 대한 비방 글이 캐나다 여기저기서 발견되기 시작했다. 캐나다 시민들은 이 상황에 대해 그 글들을 그냥 방치 방임했을지, 그 글들을 쓴 사람들을 비방했을지, 아님 이슬람을 비난했을지 궁금했다.

　놀랍게도 캐나다 시민들은 그 글들을 지우기 시작했다고 외신은 전했다. 그리고는 이슬람 사람들을 위로하는 글로 덮어놓는 성숙한 모습을 보여주었다. 아니 그런 멋진 모습들이라니! 이슬람 사원의 벽에 알 수 없는 사람이 쓴 'GO HOME'이라는 글은 '이슬람 사람들은 고향으로 돌아가라'는 의미였을 거다. 그러나 캐나다 시민들은 이런 글로 모두의 마음을 덮었

심겨진 곳에서 피어나라

다. 'YOU are HOME.' 당신 집은 캐나다니 이슬람으로 돌아가지 말라는 의미로 읽혀졌다. 캐나다 시민들의 이런 성숙하고 인간적인 매너를 기사를 통해 접하면서 사람답게 산다는 게 이런 거 아닐까라는 가슴 훈훈해지는 경험을 했던 기억이 난다.

어릴 때 배운 기독교적 정서 중 하나가 '원수를 완전히 밟아 이겨 승리를 외치며 나아가세!' 류의 찬양을 부르는 분위기였다. 그 전투력은, 어릴 때도 적응이 안 되었고 커서도 적응이 안 되었다. 그 원수가 도대체 뭔지 그 실체에 대해 누구라도 고민하지 않고 궁금해 하지도 않고 열심히 따라 불렀던 것 같은데, 이제 와서 생각해보면 그 원수라는 실체는 나의 죄성일 수도 있고 사단일 수도 있고 우리의 선민의식일 수도 있고 우리의 탐욕일 수도 있다. 언제부터인지 모르겠지만 난 어떤 종교가 되었든, 다 틀려먹었다고 말했던 순간들을 생각하면 너무나 부끄럽다. 누가 어떻게 틀렸는지 이젠 그런 류에 대해선 날세워 말한다는 게 불가능해져만 간다.

내게 싸워 이길 원수가 있다면 그건 내 자신의 죄뿐이고 나를 의에 길로 인도하는 진리를 품으며 살 뿐, 내가 누구를 밀어내거나 배척한다는 게 신앙의 본질이 아니라는 정체성이 더욱 확립되어 가고 있다. 캐나다 시민들의 저 모습 속에서 볼 수 있는 그 마음들이 귀하게 느껴지는 이유와도 맥락이 통한다. 우리의 진짜 적은 무엇일까? 적이 누구로 정의되느냐에 따라 살아가는 모습의 간극은 큰 차이가 나는 거 아닐까?

우리 기독교의 적이 타 종교나 심지어 타 교단이 된다면 틀렸다고 지적질하면서 배척하다보면 정죄감으로 점철된 기독교의 껍데기만 남게 될 것 같다. 우리의 적이 있다면 그건 불순한 세력이나 그런 힘을 가진 집단,

사람이라기보다 오히려 우리 안에서 찾아야 할 것 같다. 진리를 많이 알아도 신행불일치 할 수 있는 우리의 이중성, 뭣 좀 배웠다고 모르는 사람들의 신앙을 깔보는 교만한 습성, 내 죄성은 못 보면서 남의 죄성을 들춰내는 내로남불의 익숙함, 지식만 강조하면서 인격은 형편없어도 무방하다는 머리만 큰 신학, 무례함의 원인을 남의 연약함 탓으로 돌리는 양심 없음일 수도 있겠다.

판단은 오직 하나님께 달려있으니 우리가 지적하는 것들이 우리의 본질을 강화시켜주지 못하는 것 같다. 적의 실체를 알고 인정하는 것부터가 진정한 개혁의 시작이지 않을까. 내 안에 나로부터 시작되는 개혁적인 삶의 모습이란 캐나다의 사건에 비유해보면 'GO HOME' 쪽에 가깝다기보다 'YOU are HOME' 쪽에 가깝다. 내 안에 'YOU are HOME'의 여유 있고 여백 있는 정서적 개혁이 무르익었으면 좋겠다.

2화
경계선상에 서보면 알게 되는 것들

'이게 진짜 내 생각일까?'

　나와 똑같은 누군가가 있다는 건 불가능하지만 조금이라도 나와 비슷한 생각을 가진 사람들과 친구 먹기 쉬운 세상으로 가속되는 것 같다. 마음이 맞고 좋아하는 게 겹치고 추구하는 가치가 비슷할수록 서로가 서로를 알아보기 마련인데 그건 오프라인이나 온라인 둘 다 마찬가지로 보인다. 온라인에서 특히 친구를 맺는 기준이 나와 다른 사고를 가진 이들과는 친구 되기를 꺼려하기 때문에 비슷한 성향의 사람들끼리 뭉치게 되는데 그게 자연스러워 보이긴 하지만 좋은 현상으로 여겨지진 않는다.

　같은 생각, 같은 가치, 같은 바램, 같은 경험, 같은 사고, 같은 신앙, 같은 행동. '같은'이라는 거품 속에 갇히고선 갇힌 줄도 모르고 사는 건 아닐까 싶다.

　페이스북은 매일 '지금 무슨 생각을 하냐'고 물어오고 시들해진 카카오

스토리마저 매일 '오늘 어떤 일이 있었는지'를 묻는다. 인스타그램은 연결되어 있는 이들의 감성으로 서로를 충전시킨다. SNS의 알고리즘은 친구를 맺은 사람들의 생각을 보여주기 때문에, 우리 심리는 나와 비슷한 친구들의 그 생각들에 안심하기도 하는 듯하다. 비슷한 생각에 주입당하기도 하면서, 비슷하게 생각하기를 강요받기도 하면서, 그 비슷함의 버블이 점점 팽창하는 모양이기도 한데, 그럴수록 내가 나를 제대로 본다는 건 더 어려워지기도 하는 것 같다.

나와 다른 사고 유형의 사람을 만나거나, 취향의 간극이 벌어져있는 사람이나, 좋아하는 결이 다른 사람을 좀 다양하게 만나야 비로소 나를 제대로 볼 수 있는 눈이 생기기 마련인데, 비슷한 사람들끼리 비슷한 생각을 공유하고 그 비슷함에 안심하고 있으니까 나를 객관적으로 보기 어려워지고, 내 자신을 성찰할 기회는 점점 없어질 수밖에 없는 것 같다. 내 자신도 못보고 남도 못 보게 되는 건 어떤 면에선 우리에게 손해다. 비슷한 버블 속에 있다는 걸 인지하게 될수록 일부러라도 이런 질문을 계속 던지며 살아가야 할 것 같다. '이게 진짜 내 생각일까?'

AI와 알고리즘의 작동으로 내가 본 영상과 관심사 키워드에 딱 맞는 유튜브와 영상들이 착착 달라붙는다. 내가 썼던 언어들, 주로 찾았던 정보들을 AI가 추출해서 구미에 딱 맞는 일용할 양식으로 먹여주는 시대에 살고 있다. 어쩔 땐 섬뜩해진다. 알고리즘이 독립적 인격체는 아닐진대 어찌 너라는 존재가 내 취향을 꿰고 있을까. 알고리즘은 인간 누군가가 설정한 목적에 맞게 사람이 생각한 것을 그대로 실천하는 프로그램이라던데, 그렇기에 인간의 주관이 개입될 수밖에 없어 보인다. 또한 어떤 권력이든 법망을 벗어나는 형태로라도 포털을 충분히 통제할 수 있지 않을까? 어떤 콘텐츠를 어떻게 얼마나 누구에게 노출시킬 것이냐는 전적으로 사람의 목적으로 움직이고 있는 거 아닐까? 이런 의구심이 가시질 않는다. 알고리즘에 무방비로 노출되어서 보여주는 대로 보며 살아간다는 건, 누군가의 통제권 안에 갇혀 있다는 의미일 수도 있겠다. 알고리즘에 길들여질수록 내 관심사 밖의 생각들과 나와 다른 취향을 가진 사람들과는 더 멀어질 수밖에 없게 작동되고 있으니 말이다. 나 같이 예민한 사람은 세대 간의 단절, 계층 간의 간극, 취향대로 갈라섬 등등의 이유로 알고리즘이 주는 편리함에 갇혀가는 이 시대가 더 삭막하게 느껴지기도 한다.

그래서 난 온라인에서 친구를 맺을 때 일부러 나와 다른 사람들과 소통하려고 노력하는 편이다. 성별은 물론 연령대도 다양하게 정치성향이나 직업군도 종교관마저도 나와 다른 이들과 섞여서 소통하려고 한다. 화가, 농부, 음악가, 회사원, 사진사, 댄서, 노동자, 활동가, 주부, 강사, 탐험가, 작가, 선생님, 군인, 목회자, 스님 등 다채로운 만큼 다채롭게 배울 수 있다는 생각만으로도 의미 있다고 여긴다. 다양한 친구들이 삶에서 생생하게 올려주는 그들만의 에너지는 내가 한쪽으로 치우쳐 좁아지는 걸 보게 해주기도 하고, 내 생각이 진짜 내 생각일지 객관적으로 바라보게도 해준다. 색깔을 확실하게 정하지 못하고 경계선상에 서게도 해준다. 경계선상에 서보면 그제야 보이는 게 있고 그때라야 알게 되는 것들이 분명 있다. '이 생각이 진짜 내 생각일까?'의 연장선상에서 동시에 잊지 않으려 노력하려는 문장은 '전체를 다 알 수 없다면 침묵해야 하지 않을까?'이다. 오늘도 스스로 질문해보려고 노력한다.

3화
로봇다리 세진이

세진이는 입양가족 모임에서 만난 친구다. 팔다리 장애를 입고 태어나 보육원에서 지내다 엄마 양정숙을 만났다. 엄마 품에서 크면서 편견으로 가득 차 있는 세상이라는 벽에 부딪치기를 반복했다. 많이 아팠지만 아프다고 울 수만은 없었다. 아파도 이 세상에서 버텨내야 했고 살아내야 했다. 엄마는 세상에 기댈 수 없어서 세상에 맞서 싸우지도 못하고 그냥 버텨내야만 했다.

　엄마와 아들을 내치는 음식점에서 '내 아들이 장애를 가지고 있는 게 뭐가 잘못이라고 밥도 못 먹게 하느냐'면서 아들에게 아무 잘못도 문제도 없다는 걸 증명하듯 엄마는 무릎을 꺾어 몸을 낮춰 걸으며 아들과 키를 맞춰 당당히 음식점을 빠져나와야 했다. 세상 사람들에게 받은 편견 가득한 시선과 차별과 무시는 아들이 커나갈수록 무자비해져만 갔다. 엄마는 세상보다 더 혹독하게 혼자 걸을 수 없는 아들을 세워 일부러 넘어뜨리기도 했다. 걸으면 넘어뜨리고 걸으면 넘어뜨리고, 의족에 의지해 걸으려면 의족을 견딜 수 있는 다리 근육이 필요했다. 근육을 탄탄하게 만들기 위해 수도 없이 눈물을 흘리고 또 흘렸다. 혼자 걸을 수 있게 되더라도 넘어지면 혼자 다시 일어나 걸을 수 있어야 하기에 훈련은 계속되었다. 세상은 기댈 곳이 못되었고 세상에는 기댈 곳이 없었기 때문이다.

학교를 다니면서 숱하게 아이들한테 맞았다. 세상은 엄마와 아들을 끊임없이 몰아붙이기만 했다. 그런데도 엄마와 아들은 그 친구들을 미워하지 않았다. 엄마에겐 아들이 얼마나 귀한지 그 친구들에게 알려주었다. 때리면 맞고 친구들에게 맛있는 걸 사주고 잘 해주었다. 엄마와 아들은 홀로서기 위해 수영을 하기 시작했다. 다른 사람에 비해 수영하기 불리한 몸을 가졌기에 수영장에서도 온갖 부당한 대우를 받았다. 그러면 그럴수록 오뚜기처럼 다시 일어나서 끊임없이 헤엄쳤다. 세상을 향해 엄마와 아들은 포기란 없이 나아갔다. 세상은 이 엄마와 아들에게 왜 이토록 못나게 굴었을까. 이 아들은 세상에 기대지 못한 채 미국 로키산맥 고지를 밟았고 몇 해 뒤엔 10km 마라톤을 완주했으며 수영선수로는 세계장애인경기에 출전하여 3관왕 매달을 획득해내었다. 세상이 자신을 바라보며 기댈 수 있게 성장했다.

엄마란 내 새끼가 세상에서 내침을 당할 때 그 세상을 향해 용서라는 복수를 끊임없이 해야 하는 존재임을 세진이 엄마는 보여주었다. 그래서 세상이 그 아들을 더 이상 내치지 못하도록, 세상이 범접할 수 없는 경지로 아들을 세우기 위해 아들을 수없이 벼랑으로 밀어낼 수밖에 없는 엄마로 살았다. 아들이 벼랑에서 떨어져 땅으로 고꾸라지는 걸 피눈물을 흘리며 바라보아야 하는 게 엄마임을 세상에게 보여주었다. 아들은 이제 벼랑에서 떨어져도 땅에 떨어지지 않고 하늘을 나는 법을 배웠다. 너무 멋진 사람으로 자라주었다. 하늘을 나는 법을 터득한 아들은 벼랑에 서 있는 많은 사람들이 잘 뛰어내리도록, 날아갈 수 있다는 희망의 메신저로 하늘을 펼쳐보이는 사람이 되었다. 세상에 기대야 마땅했는데 세상에 기대지 않은 채 세상의 기대를 뛰어넘은, 세상이 기대하게 된 로봇다리 수영선수 세진이 엄마는 대덕교회 강사로 오셔서 이런 말을 해주었다.

"내가 해내지 못한 것은 하나라도 아이들한테 요구하지 않았습니다. 내가 하지 못하는 건 아이와 함께 노력했죠. … 우리가 삶을 대하는 기본은 영원한 것을 추구하려고 하지 영원하지 않은 것을 좇지 않습니다. 이를테면 돈, 명예, 인기, 권력. 뭐 이런 것들이죠."

세진이와 함께 했던 정숙언니의 이 말은 두고두고 내 가슴 속에 남아있다. 언니는 신념이 강인한 사람이 아니고 영원한 것에 대한 믿음이 강한 사람이었다. 내가 그 안에 그가 내 안에 있으면 뭐든 닥치는 대로 열심히 해보기, 그리고 그렇게 살 거면 후회하지 말고 후회할 거면 그렇게 살지 말라고 내 귀에다 대고 쩌렁쩌렁하게 말해주는 것 같았다. 세상이 기대하는 사람으로 살겠다고 말했던 세진. 아들이 세상에 기대지 않도록 키운 정숙언니. 이 모자는 장애인 올림픽 때 올림픽 주경기장에서 마지막 성화 주자로 점화를 했다. 그때 그 장면을 보면서 아주 그냥 목구멍에서 뜨거운 것이 올라오면서 우리 식구들도 박수치며 응원했던 기억이 생생하다. 정말 고맙다. 존재만으로. 우리 입양 가정에게, 우리나라의 장애우들에게 이 엄마와 아들은 존재만으로 용기를 준다.

세상이 세진군의 저 얇은 의족에 기대다니, 세진군이 저 의족에 몸을 맞추며 홀로 서기까지 얼마나 많은 피눈물을 흘렸는데…. 세진 군이 세상에 기대면 안 되는 건가. 네가 너무나 자랑스럽다고 말만하기엔 세진 군에게 미안하다.

"너의 꿈인 IOC 위원이 되어 세상을 바꾸기 전에 넌 이미 세상을 바꾸고 있었어!"

이 말을 꼭 하고 싶었다. 2038년 40세에 IOC 위원이 될 세진 군을 나도 계속 기대하며 기도드린다.

있잖아, 불행하다고
한숨짓지 마

햇살과 산들바람은
한쪽 편만 들지 않아

꿈은
평등하게 꿀 수 있는 거야

나도 괴로운 일
많았지만
살아 있어 좋았어

너도 약해지지 마

— 시바타 도요 〈약해지지 마〉

4화
미생물로 자본론을 발효시키다

둘째 아이의 아토피를 호되게 겪으면서 우리 몸은 아무거나 먹으면 안 되고, 되도록이면 자연에서 온 식재료로 느리게 과하지 않게 조리해서 먹어야 하며, 하나님이 무상으로 주시는 햇빛과 바람과 땅을 누리며 사는 게 얼마나 중요한지 차근차근 알게 되었었다. 아무거나 먹고 불규칙적으로 생활하면서 자연과 멀리 부자연스럽게 도시적으로 살아온 그간의 나의 불건강함 때문에 아이가 극심한 아토피를 겪은 것 같아서 미안했다. 매일 밤 간지러워서 잠 못자는 아이를 부둥켜안고 함께 울었다. 앞이 안 보이는 절망감 속에 매일 밤 하나님께 기도하며 버틴 그 시간들이 쌓이고 쌓여 미래의 내 삶의 라이프 스타일을 결정하게 될 지 그땐 정말 몰랐다.

그때 우리 아이는 작고 힘없는 아토피안이었는데 태어나자마자 면역력이 떨어져 있어서 병원약을 너무 많이 먹었다. 아무리 먹어도 병원 약으로는 아이 병세가 나아지질 않아서 마음이 새까맣게 타들어갔다. 매일 밤 간지러워 긁고 잠도 못자고 울고 예민해지고 면역력은 계속 떨어져만 갔다. 계속 그렇게 살 수만은 없어서 큰 결정을 내렸다. 아이 몸을 새로 개조한다는 마음으로 자연요법을 시작했는데, 그때 식단과 생활을 바꾸며 자연의 생명이 깃든 음식과 발효음식이 주는 위대함을 알았다. 식재료든 사람이든 푹푹 잘 썩어야 그 과정에서 열매를 맺을 수 있는 다양한 생명력이 발아된다는 것도 알았다. 썩지 않으면 생명력이 시작되지 않고 썩지 않으면 다른 개체를 품을 수 없고 썩지 않으면 다른 세균들을 착하게 할 힘을 잃는다는 사실을 알았다.

아이는 심한 호전반응으로 괴로운 시간을 보내다가 이내 해맑은 피부를 되찾아갔고 감기 한번 잘 걸리지 않게 되었다. 자연의 음식, 햇빛, 바람, 흙, 산, 바다 등등 자연의 생명력의 위대함 그것을 삶 속에서 알게 되었다. 그즈음 스콧 니어링과 헬렌 니어링의 책들이 자연스럽게 가슴에 와 닿았고 우리나라 대체의학의 권위자인 장두석 선생님의 책을 만나게 되었다. 그분들의 책으로 인해, 우린 모든 것이 풍족하고 화려한 자본주의 사회에서 살면서 그 제도 밑에 순응하게 되는 건 (돈만 있으면) 무엇보다 편한 일이고, 계속 더 소유해야 만족감을 얻는 소비자로 사는 정체성이 강화되고 있는 우리들의 모습이 더 잘 보였다. 이미 자본주의에 길들여진 우리 자신을 어찌할 방도를 찾지 못한 채 살 수밖에 없는 우리의 한계도 선명히 보였다. 난 자본주의 안에 살면서 그 한계를 극복하기 위해 그나마 내가 할 수 있는 만큼의 노력을 하고 싶은 마음이었다.

아팠던 아이 덕분에 알게 된 소박하지만 위대한 자연의 생명력과 자본주의 안에서 그나마 좋은 영향을 끼칠 수 있는 이로움으로서의 작은 사업, 이 두 가지 가치가 교차하는 일을 탐색한 다음 이내 일을 시작하게 되었다. 스콧 니어링과 헬렌 니어링 부부가 문명생활을 등지고 버몬트로 들어가 메이플 시럽과 메이플 캔디를 만들어 팔며 생계를 위한 노동을 한다는 것이 자연스레 떠올랐다. 생계를 위한 노동 4시간, 지적 활동 4시간, 좋은 사람들과 교제하는 4시간. 이런 루틴으로 더할 나위 없이 좋은 하루를 보냈던 그 부부에게 차분한 영감을 얻으며 내가 지키고 싶은 가치를 세워나갔다.

'몸에 이로운 걸 먹고, 더 가지려 하지 않고, 이룰 수 있는 목표를 세우고, 이윤을 적게 내고, 적게 일하고, 남에게 일을 떠넘기지 않고, 관료주의에 젖지 않고, 내 처지를 심각하게 생각하지 않고, 남의 생각을 걱정하거나 안 된다고 말하는 대신 남을 도와주고, 운동하고, 여행하고.'

이게 나의 사업 가치관이었다. 이 가치들을 포기하지 않는 라이프 스타일로, 가슴 뛰는 꿈을 항상 꾸며 살고 싶다고 하나님과 대화를 이어나갔다. 사업 아이템은 EM(Effective Micro-organism)이었다. 둘째가 아토피로 고생할 때 만났던 자연에서 온 제품. 자연에 존재하는 수십 종의 미생물들을 조합, 배양, 발효하는 과정에서 생성되는 항산화력을 생활용품에 모두 담은 EM이 자연과 인간을 동시에 이롭게 하는 미생물로서 나를 사로잡았다. 쓰면 쓸수록 지구의 환경을 살려주니 후대에게 빌려 쓰고 있는 지구를 아프지 않게 해줄 수 있는 가장 자연스러운 대안이 되어준다는 게 믿음직스러웠다. 착한 미생물들은 우리 몸뿐 아니라 토양과 수질 모두 지켜주니 도시에 살면서 생태적인 삶을 지향하길 원했던 나로선 EM을 많은 이들에게 전파하는 게 가장 친환경적인 삶이라 할 수 있었다.

수익이 나는 대로 사업자금을 대준 고리대금업자 남편에게 원금과 이자를 매달 갚아나가겠고, 나라에 세금을 내겠고, 십일조는 평소 내 마음이 가는 곳에 보내겠다고 생각했다. 이윤을 적게 남기는 만큼 더 많은 사람들에게 제품이 공급되길 원했고 세상을 향해 문을 활짝 열고 교류하고 소통하면서 도움이 꼭 필요한 곳에 도움의 손길을 내밀겠다는 게 작은 소신이었다. 자본주의 안에서 나부터 나를 변화시키겠다는 작은 포부로 자본주의 제도가 가진 한계를 보완해가려면 나는 어떤 실천부터 할 수 있을까에 대해, 어찌 행동하며 살아야 할까 매일 그 생각만 했던 것 같다. 한줄기 빛으로 만난 방식이 1번 '이윤을 적게 남기는 것'과 2번 '미리내' 방식이었다. 1번은 잘 진행되었고 2번은 실행에 옮기지 못했다. 1번을 지켜내려면 고객 분들이 많아야만 하는데 사업 세 달 만에 300분 넘는 고객님이 날 찾으셨다. 예상치 못했던 과정들이었다. 1번을 해내려면 다른 일을 시작해야만 했는데 처음 시작한 일을 통해 세상을 향한 문을 열고 나아가다보니 가슴 떨리는 다른 일들로 나아가는 게 자연스럽게 문이 열리는 걸 보면서 깜짝 놀랐다. 택배 작업이 늘어났고 고객의 라이프 스타일과 건강을 상담하고 소통하며 반찬을 만들어 팔기 시작했다. 이어서 닭요리도 만들고 그러다 우리 집에서 사용하는 정수기도 팔고, 단식을 가이드하는 지도사를 하고 이어서 베이비시터를 하면서 꼬리에 꼬리를 물며 몇 년 동안 하루 종일 일하는 삶을 살게 되었다.

그때의 시간들 동안 내 마음 속에 근육이 키워진 것 같다. 마치 스콧 니어링의 팔뚝에 노동으로 생성된 근육이 무척이나 개념 있어 보였던 것처럼 나에게도 그런 근육이 삶 속에 명징하게 생기길 원했다. 착한 미생물로 시작된 나의 노동에 어떤 근육이 생겨나게 될지 기대했었는데 매일 찾아주시는 고객분들 덕에 다양한 세상을 맛보면서, 일하는 사람들의 심정을 처음으로 공감하게 되었다.

때론 긴급하신 분들이 찾아오셨고 내가 드릴 수 있는 만큼 보다 더 드렸다. EM의 항산화력의 효과를 좋아하는 고객 분들이 많아졌고 나는 매일 세상과 사람과 소통하며 행복하게 바쁘게 살았다. 이익만 쫓아가면 돈만 남고 사람을 선택하면 사람만 남을 줄 알았는데, 사람만 바라보면 사람도 이익도 둘 다 남는다는 걸 배울 수 있었다. 이익을 무엇으로 보는지 개인차가 있겠지만 정말로 이익을 조금이라도 포기하고 가치를 변함없이 추구하겠다는 고집이 있어야 사람을 진심으로 대할 수 있다. 그때 사람들을 매일 만날 수 있는 나의 프로젝트에 감사했다. 영세자영업자의 사업이 아닌 '가치관을 담은 일상으로서의 일'이라고 표현하는 게 더 적절했다. 자본주의 안에 살면서 자본론을 조금이라도 발효시킬 수 있게 해주었을 뿐만 아니라 지금도 내 가치를 발효시켜주는 미생물에게 고맙다.

5화
영감유발자들

좋아하는 일을 시작하고 적게 이윤을 내다보니 올 것이 왔다. 싸게 팔지 말라는 경고를 받은 것이다. 난 가게도 없이 프리랜서로 일하며 월세도 내지 않는데, 내 양심상 그렇게는 못할 노릇이었다. 상 도의상 가게를 가진 사업자분들보다 싸게 파는 게, 반칙이 아니라 정직한 거라는 생각이 들었지만 본사의 규제가 있었으니 어쩔 수 없이 가격을 조금씩 올릴 수밖에 없었다. (그래도 국내 최저가였다) 가격을 원하는 대로 책정할 수 없다는 것이 이해는 안 되었지만 나에게 고객을 빼앗기는 다른 지사장님들의 실적과 심정을 모른 척 할 수는 없는 노릇이었다.

내 가치관은 내가 좀 적게 벌어도 알찬 제품으로 더 많은 소비자의 몸을 건강하게 하는데 직접적인 도움을 주자는 취지였지만 진심을 오해하는 일이 당연히 벌어지기도 했다. 싸게 파는 것 보니 가짜를 파는 사기꾼 아니냐며 하루아침에 사기꾼취급 당하는 일도 비일비재했다. 신용만으로 돌아가는 세상이 아니고 꼬일 대로 꼬인 부분도 세상의 일부분이니 기분 나빠하지 말고자 받아들여야 했다. 한낱 장사치로 취급받을 땐 내 스스로 셀프 세뇌를 했다. 나를 꼭 모든 사람이 좋아할 필요는 없는 것이니 나를 싫어하고 미워할 자유를 그들에게 주자고 생각했고, 내가 비양심적이고 밉살머리스러운 장사치가 아니라면 그거면 된 거라고 여기면서, 스트레스를 해소하는 훈련도 함께했다.

한번은 동네서 친하게 지내던 다른 업종의 사장님이 내가 드린 제품이 몸에 안 받는다며 짜증을 있는 대로 내셨다. 물건을 나에게 휙 던지며 필요 없으니 가져가라고 했다. 원인을 알아내고 설명을 해드릴 요량으로 친절을 장착했지만 어쩔 수없이 그냥 받아들여야 했다. 함께 일하는 사람끼리여서 대화가 통한다고 생각했어도, 개념 없이 졸라대는 장사치로 취급받기도 한다. 그 사장님한텐 나도 고객이었고 계속 고객일텐데 스트레스를 내게 푸는 건지, 무시당하는 게 분명했지만 좋은 제품을 자기발로 차내는 건 그분 손해이니 난 아쉬울 게 없었다. 손절하지 않고 그 사장님 가게에 고객으로 남아서 능글스럽게 아무 일도 없다는 듯이 지냈다. 세상 속에 들어가 일을 하다보면 별별 일들이 있기 마련이다.

난 일을 시작하고 세상에 굴종하고 굴욕 받는 연습과 훈련을 받기 시작한 것 같다. 만만치 않고 녹록치 않은 세상이니 스트레스를 받는 건 당연하다고 여겼다. 이것보다 더한 일도 참고 견디는 사람들도 엄청 많을 거라고 생각하니 내 굴욕감은 참을 만했다. 세상에서 굴종되기도 하는 나의 상태를 심각하게 여기지 않는 방향으로 걸어갔다.

작게나마 사업을 시작하며 끊으려고 노력한 것이 진지함, 게으름, 택시, 외식, 세상에 완벽함을 기대하는 꼬장함이었다. 내가 세상에 좋은 것을 내놓으면 세상도 좋은 것으로 내게 다가올 것이라는 세상에 대한 믿음이 있었지만, 세상에 대해 너무 큰 기대를 하거나 세상이 완벽하리라는 무모한 생각은 너무 순진하니까 버리는 게 나았다. 동시에 사업을 시작하며 차차 얻은 것들은 헐렁함, 부지런, 버스, 집밥, 세상에 굴종할 줄 아는 여유 이런 것들이었다. 일들이 나에게 준 귀한 선물이었고 일을 하지 않았으면 얻지 못했을 것들이었다고 생각된다.

일을 시작하니 고객이 보이기보다 제일 먼저 일하는 여성이 보이기 시작했다. 과일을 매일 도매시장에서 떼다 파는 사장님. 병원 의사선생님, 복덕방 사장님, 분식점 사장님, 좌훈 사장님, 제과점 사장님, 발레학원 사장님, 피아노교습소 사장님, 문구점 사장님, 학교 선생님들, 여성 목회자분들, 텃밭 농작물을 내다파시는 할머니들, 동네 폐지 모으느라 종일 일하시는 할머니들까지, 예전엔 미처 그들의 반복적인 수고가 무언지 몰랐던 것 같은데 그 단단함과 고된 책임감이 무언지 마음으로 알게 되니 더 잘 보이기 시작했다. 일하는 그녀들이 진심으로 보기 좋았다. 어떤 직종이든 여자 사장님을 보면 예전보다 더 반가웠고 중년의 사장님들은 그 특유의 강단이 단정하게 느껴져서 도전을 받았다. 특히 할머니 사장님을 뵈면 존재만으로 막 기대고 싶고 힘이 솟고 위로가 되는 느낌이었다. 나도 저렇게 나이 들고 싶다는 생각이 저절로 드는 여성들 이었다. 가정의 가장으로 가정의 경제를 책임지느라 사회의 중심으로 들어와 치열하게 살아낸 여인들도 만났다. 그간의 내 인생은 반의 반쪽짜리 밖에 안 되었다는 걸 처음으로 깨닫게 되었는데 그분들이 내게 이런 말을 해주셨다.

"넌 잘 해낼 거야. 넌 아파봤던 사람이잖아. 돈과 자존심 다 내려놨잖아. 그거 쉽지 않은 거야. 넌 그걸 시작했다는 게 대단한 거다."

위로와 용기를 그녀들 덕분에 얻고 나서 고객들의 아픔을 공감하는데 더 시간을 냈다. 고객은 '나'라는 존재만으로 힘을 내는 것 같았다. 참 감사한 일이었다. '자유부인 EM차리다'에서 '자유부인 반찬 차리다'로 이어지고 몇 년 뒤엔 '단식 지도사'로도 일하게 된 것은, 주위에 일하는 사람들에게, 여성으로서 내가 줄 수 있는 선물이었다. 일하느라 지친 사람들에게 위로감을 줄 수 있었고, 이런 작은 마음이 일로 연결되어지니 감사했고 일하는 게 즐거웠다. 이런 사업이 내 체질이 될지는 정말 몰랐다. 그때 아이들이 생협 자연드림과 한살림의 식재료로 반찬 만들어 파는 나를 보고 물었다.

"엄마, 엄마는 이래 가지구 뭐가 남아?"

"고객의 건강이 남지!"

"너 같은 자선 사업가는 사업을 하면 안 된다고 본다."

이건 남편이 귀에 딱지가 붙게 한 말이었다. 맞다. 난 영세 자영업자였지만 생계형 자영업자는 아니었다. 내가 돈을 안 벌어도 집안이 안 굴러가지 않았기 때문이다. 물론 내가 일해 번 돈으로 살림을 꾸리고 꼭 필요한 데 쓰며 남 퍼 주는 데에 집중할 수 있었던 건, 남편이 매달 고정수입을 확보해주었기에 가능한 일이었다.

일을 하니 그간 갖고 있던 세상과 사람에 대한 선입견과 편견과 고집이 하루 분량씩 경계가 낮춰졌다. 경계가 무너질 수 있다는 게 그건 절대 공짜로 되는 게 아니기에 값지고 귀하다는 것도 알게 되었다. 경계선에 꽃을 피우는 사람으로 살고 싶다고 입만 떼면 말했었는데, 꽃은 경계가 무너져야만 피울 수 있는 게 아니었다. 나와 세상 그 경계선상에서 열심히 일하다보면 꽃은 피어나기도 했다. 그러니 일을 할수록 어떤 상황들은 나에게 스승이 되어 주기도 했다. 고객 분들의 연배나 성별, 성격이 어떻든지 상관없이 그분들과 친밀해지는 관계를 맺어가는 과정은 어찌됐든 즐거웠고 그 기회를 사업으로 얻게 되니 하루하루가 흥미진진했다. 고객 분들이 나에게로 온다는 것도 그 사람의 일생 전체가 오는 것이기에 영세 자영업자만이 누릴 수 있는 특권이기도 했다. 늘 사람과 관계하는 것도 즐거운데 돈까지 버니 연말에 세금폭탄을 맞는다 해도 괜찮을 것만 같은 기분이었다. 물론 영세 자영업자인 나였기에 세금폭탄을 맞은 일은 없었지만 말이다.

그때 빌라촌에 살았었는데 늦은 밤 동네마트에 문 닫기 전에 가면 할인된 가격의 농산물들을 살 수 있었다. 파프리카, 브로콜리, 방울토마토, 달걀, 오이 등을 사러나가는 시간이면 꼭 만나게 되는 사람들이 있었다. 빌라촌의 음식쓰레기를 미니트럭에 모으는 아저씨, 박스를 모으는 할아버지, 왕발통을 탄 대리운전 아저씨, 상가에 문을 거는 경비 아저씨, 감자떡 쪄서 파는 아저씨, 배달하는 아저씨, 편의점 물건을 다시 진열하고 하루 재고를 정리하는 알바생, 고단한 몸을 이끌고 늦게 퇴근하는 가장들, 하루치 노동의 곤함을 등에 짊어지고 집으로 가는 사람들이었다. 수고하고 일하여 벌어먹고 산다는 것은 예전보다 모두 위대해 보였다. 내가 일해보지 않았다면 저들의 수고가 어떤 건지 그렇게 관심 있게 쳐다보지 않았을 터였다. 진심은 늘 장전되어 있었지만 세상과 사람을 바라보는 시선은 좁을 뻔했다. 일하는 사람들과 연결되어 있다는 건 그들은 늘 내게 새로운 영감을 주는 발신자가 되어주고 있다는 거였다. 일하는 사람의 모든 제스처에는 누구에게든 영감을 주는 힘이 있다. 틀림없다.

6화

오늘도 좋아요를 누른다

난 SNS에서 '좋아요' 버튼 누르기를 좋아한다. 저마다 사는 모습이 내 마음에 들어서 좋아요를 누르는 게 아니라, 다들 잘 사는 것 같아보여서 좋아요를 누르는 게 아니라 좋아요를 받으면 기분이 좋아지는 걸 알기 때문이다. 그래서인지 '좋아요'를 잘 누르는 사람을 좋아한다. 인정욕구가 많은 나는 좋아요를 많이 받으면 기분이 좋다. 물론 좋아요 많이 받는다고 내 살림살이가 나아지거나 내 인격이 함양되는 건 아니지만 내 상태를 마음먹고 드러내는데 반응이 없으면 재미가 없기 때문이다. 그렇다고 좋아요를 많이 받는 사람이 있다고 무조건 그 사람을 다 좋아하는 건 아니다. 한 사람을 볼 땐 좋아요 수와 상관없이 그 사람이 쏟아내는 글을 보면서 그 사람에 대해 파악한다.

SNS에서 한 사람 한 사람의 고유한 성격, 소통방식, 강점과 약점, 사람

됨이 감춰지지 않고 드러나기 때문에 얼굴을 보고 직접 관계를 맺는 것과 똑같이 SNS를 대하려고 노력하는 편이다. 얼마큼 내 자신을 드러내고 노출시킬 것인지는 각자 알아서 조절할 각자의 영역인데 한 사람의 됨됨이는 SNS에서 사람들과 어떻게 관계하고 있는지를 보면, 그 사람이 어떤 사람인지 알 수 있다. 물론 사람 마음속은 알다가도 모를 일이고 다 알 수도 없다. 또 각자 경험치도 다르고 그걸 소화해내는 역량도 다르다. 각자 다양한 방식으로 관계를 쌓아나가기에 SNS에서는 내 기준으로 사람들을 판단하려고 덤벼들었다가 실수할 수 있고 자신의 무례를 모를 수 있다. 각자 기준으로 사람을 평가하겠다는 것도 그 사람 마음이지만 사람을 사귀고, 사는 모습과 생각을 나누는 공간에서 자꾸 관계를 불편하게 하는 판단의 욕구를 드러내다가는 외로움을 면치 못하게 된다. 우린 판단하기보다 주로 자랑하려고 SNS하는 거 아닌가. 우린 논쟁을 잘 하려고 거기서 이기려고 스마트폰의 세계에서 살고 있는 게 아니잖는가. 설령 이겼다손 치더라도 그건 결과적으로 진 거나 다름없다. 내가 이기려고 내던진 비판과 판단이 검은 부메랑처럼 나에게로 언젠가 돌아와서 나를 무너뜨릴 수도 있다.

각자 성향의 차이겠지만 질투심이 많거나 판단하는 성향이 강한 사람은 '좋아요' 버튼을 잘 안 누르는 것 같다. 좋아요 버튼이 때로는 권력이라 하더라도 그 따봉 버튼 더 받자고 사는 인생도 아닌데 그게 뭐라고, 어쩔 땐 좋아요 갯수에 신경 쓰는 내 자신을 보면 애정결핍자로서의 민낯이 들켜버린 것 같아서 내 자신이 시시해 보이기도 하지만, 솔직히 난 그런 내가 오히려 더 인간적이어서 좋다. 관종이어서 재밌고 활기차게 살 수 있다. 물론 고수들은 이런 연결과 관심이 없어도 혼자서도 잘 해내겠지만 우린 모두 꼭 고수가 될 수도 없고 고수가 될 필요는 없으니까 말이다.

우린 각자의 자리에서 삶을 드러낸다. 어떤 이는 시처럼 짧고 압축적으로, 어떤 이는 논설문처럼 장황하게, 어떤 이는 패션잡지책처럼 감각 있고 당당하게, 어떤 이는 시트콤처럼 유쾌하고 재미있게, 어떤 이는 비꼬기도 하고, 그저 멀리서 지켜보기도 하고, 각자 외로움을 표현하면서, 하루하루 삶의 순간들을 즐기거나 구경한다. SNS는 가장 가깝게 손에 닿는 소통 창구다. 나는 '좋아요'를 누르려고 노력하고 거기에 시간을 기꺼이 쓴다. 친구 글과 사진에 좋아요를 누르면 마음의 여유가 조금 더 생기는 것 같다. 또한 마음이 열리고 감각도 열려서 생각이 고정되려다가도 이내 또 나아진다. 나와 생각이 다른 사람을 만날수록 삶을 대하는 태도나 자세, 그 사람만의 감각, 정보력, 센스, 좋은 성격 등등 친구들에게 배울 수 있는 건 정말 많다. 다르다는 건 또 이렇게 서로를 키우고 먹이는 일용할 양식이 될 수 있다. 아쉬운 게 있다면 '부러워요' 버튼이 없다는 점과 폭소 버튼이 하나 뿐이라는 거다. 폭소 버튼은 단계별로 세분화되기를 기다리고 있는 중이다. 인생에서 중요한 건 의외로 잘 웃고 잘 웃는 것밖엔 없는 순간도 많으니까. 그리고 세상엔 온통 내가 부러워할 만큼 매력적인 사람이 많으니까. 어서 폭소 버튼과 부러워요 버튼이 업그레이드되어 나오길 기다려본다.

7화
학교는 무엇이어야 할까?

코로나로 아이들이 학교에 자주 가지 못하는 요즘 이런저런 생각이 든다. 난 아이들 어릴 때부터 어떻게든 학교를 안 보내려는 쪽이었고 아이들은 학교를 좋아해서 어떻게든 학교를 가고 싶어 하는 쪽이었다. 지금 생각해 보면 병약한 엄마여서 다행히(?) 아이들이 좋아하는 학교를 다니게 된 것 같다. 내가 매우 건강해서 쓸 힘이 있었다면 내가 그토록 바라던 홈스쿨링으로 아이들을 붙잡아 두었을 게 뻔하다. 어디든 배울 수 있다면 어디든 학교가 될 수 있다고 여겼다. 인본주의 교육을 시키고 싶지 않았고 학교라는 울타리는 아이들 안에 내재된 가능성을 고양시키기보다, 오히려 아이들을 천편일률적으로 똑같이 찍어내는 곳이라는 예상 가능한 선입견이 더 컸었다. 성적으로 줄 세우기 방식도 싫었고, 우리나라 특유의 과열된 빡센 교육열에 아이들을 내몰고 싶지 않았기 때문이다. 할 수만 있다면 어릴 때라도 신본주의 교육으로 아이들을 보호하고 싶었다.

　기력이 충분치 않던 엄마였던 덕분에 유치원 생활을 즐겁게 맛본 아이들은 당연히 홈스쿨을 하려는 엄마를 이해할 수 없었고. 무엇보다 아이들 성격은 어릴 적 나를 닮아 학교를 다니면서도 산도 넘나들며 놀며 밝고 건강하게 학교 가는 걸 좋아했다. 우린 점수가 중요한 부모는 아니었고 돌이켜보면 평범하지는 않은 부모인 게 분명하다.

　아이들은 왜 그토록 학교생활을 즐거워할까? 감사하면서도 솔직히 궁금했는데 일단 엄마랑 지내는 것보다 비교할 수도 없이 학교라는 곳은 재미난 곳이었고, 다행히 아이들은 선생님과 관계가 좋았던 것 같다. 일단 학교 선생님은 항상 나보다 훌륭하셨고 아이들 선생님과 매년 친하게 지냈다. 돌이켜보면 때때마다 정말 감사했다. 엄마인 나보다 전문가셨고 나보다 아이들을 보는 시야도 다양하고 풍부하셨다. 어떻게 해서든 아이들한테 하나라도 가르쳐주시고 사랑을 주시려고 노력하시는 선생님들을 뵈며 내 딱딱한 편견은 깰 수 있었다. 학교 안 보냈으면 정말 큰일 날 뻔했다.

　요즘은 아이들과 하루 세 끼 먹으며 늘 붙어 있다. 온라인 방학, 온라인 개학, 온라인 졸업이라는 걸 이번 생에 처음 겪어보는데 이게 뭔지 잘 모르겠다. 학교는 무얼까? 학생들과 선생님이 얼굴을 바라보고 대화를 하고 재밌게 놀고 수업을 듣고 밥먹고 싸우기도 하며 화해하는 훈련도 받고 공동체 안에서 섞이는 법을 체득하는 곳이어야 하지 않을까? 그러다 보면 추억이 쌓이겠지. 지금 우리 아이들은 과연 학교를 다니고 있는 걸까? 아무리 생각해도 학교를 인강 수업 하나로 대체할 수는 없는 것 같다.

　우리 아이들이 학교를 좋아했고 나 같은 엄마가 학교에게 감사하게 된 이유가, 학교가 가진 의미 때문 아닐까. 평소 같았으면 만우절 날 친구들이랑 짜고 수학 시간에 영어책 펼쳐놓고 책걸상 뒤로 돌려놓고 앉아 선생님을 당황하게 만든다든지, 선생님들과 이러쿵저러쿵 재미난 헤프닝을 만들어내느라 신이 났을 아이들인데. 친구들과 도시락 들고 소풍도 가고, 체육대회도 하고, 동아리 활동도 하고, 선생님 심부름도 하며, 친구들과 놀러도 다니고, 학교도 급식 먹는 재미로 다닐 만큼 급식을 좋아했는데.

며칠 동안 아이가 잠깐 학교를 다녀왔다.

'난 야자를 못해보고 졸업하겠네' 하는 소리를 듣는데 야간 자율 학습을 별로 좋아하지 않던 나도 마음이 짠해졌다. 학교 친구들이랑 뒤엉켜 몸으로 노는 건 꿈도 못 꾸고 밥도 떨어져 앉아 침묵해야 하니 마치 템플스테이 체험을 가끔 하러가는 듯한 요즘 학교다. 늘 건강한 밥상을 원하던 아이가 딱 하루만 등교하니 서둘러 라면을 끓여먹어야겠다. 애들 학교 보내고 혼자서 라면 끓여먹는 이 맛도 오래간만이로구나. 학교는 부모들에게 이런 맛을 주던 존재였다.

소풍

sopung

1화
걷다보면

잘 못자고 잘 못 먹는 어려운 시간들을 통과할 때 걷기를 시작했다. 그만 생각하고 싶을 땐 몸을 많이 쓰려고 노력했으나 체력이 바닥이라 힘들었다. 하지만 매일 조금씩 걷는 시간을 늘려가며 춥고 배고프고 어지러워도 걸었다.

걷다보면 덜 춥게 된다. 배고픔에도 자유롭고 머리도 맑아진다. 달빛이 휘엉청 밝아서 함께 걷는 이들을 만날 때는 몸을 움직이겠다고 맘먹고 나온 이들의 결기에 나도 전염된다. 그 에너지는 언제나 반갑다. 걸으며 노래를 부르는 건 언제 끝날지 모를 코로나 시국에 하고 싶은 거 하며 살아남기 위한 나만의 필살기다.

아이가 한밤중에 함께 걸어줄 때도 있다. 아이와 걸으면 하늘이 더 드높고 청아하며 구름도 선명하니 마음이 환해진다. 아이도 나름 자기의

심겨진 곳에서 피어나라

애환을 운동화 끝에 털어내고 걷는 듯 보였다. 아이도 짊어지고 있는 삶의 무게를 털어내는 방법이 필요하니까 아이와 걷는 시간은 언제나 환영이다.

걷다 보면 갑자기 비를 맞게 될 때도 있는데 우산이 없어도 당황스럽지 않다. 비가 오면 요동하지 않고 머리에 뭘 대충 덮고 계속 걸을 줄 아는 여유 덕분에 황사비도 무섭지 않았다. 황사비보다 두려워해야 할 건 비 맞는 게 두려워서 움직이지 않았던 내 게으름이었던 것 같다.

혼자 한번도 안 쉬고 7㎞ 걷기가 거뜬해졌을 무렵 달리기를 시작했다. 해 떨어진 밤에 2.5㎞ 뛰기부터 도전했는데 아파트 단지에 있는 피트니스 센터엔 환기시설이 여의치 않아 더워질수록 신발장의 신발들의 악취가 심해져서 힘들었다. 그래도 매일 가면 매일 오는 사람들을 계속 보게 되었는데 그분들의 열심에 자극을 받고 도전도 받는다. 러닝 머신 위에서 뛰면 재미가 없기 때문에 언제든 멈출 수 있지만, 옆에서 함께 뛰는 사람들이 버텨주면 존재만으로 자극이 되어준다. 뛰는 걸 멈추고 싶어도 옆에서 멈추지 않으면 나도 멈춤 없이 끝까지 간다.

뛰다 보니 체력이 늘어나는 걸 느꼈다. 남편과 천변 7㎞를 뛰기에 성공했다. 중간중간에 속도를 높이며 뛰다보면 얼굴에 와 닿는 바람의 맛이 끝내준다. 뛰는 속도를 줄이면 천변에 물소리도 더 잘 들리고 달빛에 비취는 나무와 꽃을 보는 즐거움이 더해진다. 한번 뛰어서 목표지점까지 도달하는 경험을 하면 그 성취감 때문에 다른 일들에도 자신감이 붙고 일단 기분이 좋은 상태를 계속 유지할 수 있다는 점이 좋았다.

집앞 동네 학교 운동장에서 혼자 뛰다보면 최외곽 펜스에 앉아 부둥켜

안고 뽀뽀하는 세상 좋은 커플들이 나 때문에 흠칫 놀라며 방해를 받기도 한다. 세상 좋을 때니까 피해줘야 하기에 뛰는 트랙을 기꺼이 좁혀서 뛴다. 코로나 시국에 운동하기에 가성비 좋고 그나마 안전한 곳은 운동장뿐인데 한참 달달한 연애커플도 살고 나도 살아야 하니까 서로 눈치껏 각자의 영역을 지켜준다. 함께 뛰는 아줌마들, 맨발로 걷는 아저씨들을 다음 날도 만날 수 있길 기대하는 맛도 있다.

코로나 때문에 같이 걷는 동네 친구는 아직 없지만 걷다보면 꼬마 아이들을 만난다. 그때가 걷기의 하이라이트다. 유치원생 아이들이 올망졸망 뛰어다니며 '우리 민들레를 찾아볼래?' 하면서 청정 음이온을 내뿜으면 어찌나 예쁜지 걷는 내내 눈을 뗄 수가 없다. 걷다보면 내 마음 속으론 어느 누구와도 친구가 될 수 있다.

달빛 아래 목표 지점을 정해놓지 않고 무작정 걷는 시간도 참 좋다. 영화 OST를 틀어놓고 걷거나 뛰면 나와의 진땀승부가 펼쳐져서 사는 게 재밌어진다. 나처럼 자기애가 본능적으로 강한 캐릭터는 걷는 길의 행선지를 몰라야 더 오래 걸을 수도 있는 것도 같았다. 때로는 복근과 발뒤꿈치에 힘을 꽉 주고 걸어야 할 때도 있고, 온몸에 힘을 다 빼내고 기계적으로 걸어야 할 때도 있다. 기분이 다운될 때도 걷기만큼 좋은 처방약이 없다.

영화 〈매트릭스〉에서 모 피어스가 했던 말이 있다. '길을 아는 것과 그 길을 걷는 것은 분명히 다르다.' 이 말대로 갈 길을 밝히 알든 모르든 일단 첫 발자국을 떼서 걷는 발걸음보다 값진 건 없는 것 같다. 어제보다 좀 더 나은 삶을 살려고, 버티는 힘을 기르려고 걷고 뛴다. 그러다 보면 슬픔도 노여움도 잊게 된다.

어디서든 걷는 길엔 함께 걷는 이들이 있다. 지팡이를 짚고 힘겹게 걸으시는 할아버지가 계셨다. 내 걸음 속도가 할아버지를 한 바퀴, 두 바퀴를 넘어 세 바퀴를 앞서려 할 때는 할아버지 뒤에서 주춤거렸다. 특히 한파, 강풍에도 살얼음이 덜 녹은 트랙을 지팡이를 짚고 걸으시는데 세 바퀴를 추월하면 왠지 안 될 것 같았다. 예전 내 성격 같으면 단 한 바퀴도 추월 못했을텐데 이젠 이런 어르신들과 함께 걸으면 그 어떤 미사여구를 마음속에 떠올리지 않는다. 함께 걷는 친구는 그냥 묵묵히 그 자리를 지키면 된다. 걷는 사람들은 저마다 이유가 다 있으니까. 그게 없는 사람은 없다. 걷는 사람으로 산지 4년 만에 얻게 된 무감각이다. 저마다 걷는 공통점이 있다면 그건 건강 때문만은 아닌 것 같다. 답이 보이지 않을 때 우린 걷게 되있다. 걸으면 답이 보이는 게 아니라, 걸으면 답이 보이지 않아도 살 수 있게 되는 것 같다.

2화
반드시 전진을 경험할 것

스노클링을 해 본 적 있다. 살면서 해볼 일이 없을 줄 알았는데 어느 여름 날에 구명조끼를 입고 드넓고 맑은 장호항 바다에 빠져 바다 속을 유영하며 다녔다. 수영도 제대로 못하는 나로선 튜브 없이 바다 속에 빠진다는 건 절대 일어날 수 없는 일이었다. 난생 처음 공기 호수 달린 수경을 입에 물고 바다의 바닥도 보이지 않는 깊은 바다 한가운데서의 다이빙이라니! 생각만 해도 그 상황이 충분히 두려울 수 있었으나 용기를 내어 나보다 한참 어린 내 아이들의 갸냘픈 허리와 손을 꽉 붙잡고 바다로 들어갔다. 장호항은 한국의 나폴리라 불릴 만큼 바닷물이 청명해서 바위, 산호초, 바닷 물고기가 선명하게 다 보이는 그런 멋진 바다였다. 나 같은 생초보가 스노클링을 하기엔 고퀄도 그런 고퀄의 바다가 또 있었을까.

그냥 무작정 바다로 빠졌다. 풍덩. 첫 경험에선 호흡을 어찌해야 할 줄 몰라 호흡이 가빠지니 입으로 바닷물이 들어와도 어쩔 수 없었다. 두 번 세 번 계속 하다 보니 서서히 호흡이 안정되면서 바다 속을 구경하는 시간이 길어졌다. 두려움의 경계가 바다 속에서 풀어져가니 점점 더 깊은 곳으로 들어가 헤엄칠 수 있었다. 바다 안에 들어가 있는 시간은 그냥 살아 있다는 것에 내 자신을 풀어주는 것 같았다.

바다 속 식물과 둥글고 뾰족한 바위들, 물고기들이 사는 드넓은 바다는 내겐 미지의 세상이었지만 스노클링을 계속 도전하다보니 희한하게 처음 불안은 사라져갔다. 그냥 물이 흘러가는 대로 몸이 떠 있으니 몸도 마음도 유연해지는 것 같았다.

스노클링을 즐기다가 이내 쉬려고 음식점 의자에 앉아 헤엄치던 바다를 쳐다보니 좀 다르게 보였다. 바다가 이전과는 다르게 훨씬 입체적으로 보였다. 진짜 그랬다. 바다는 그냥 파랗게만 보였는데 파란 바다에 초록과 갈색, 바다식물색이 둥실 떠오르는 것처럼 보였고 회색과 하얀색, 바위색깔도 겹쳐 보였다. 이전과는 다른 색감의 바다였다. 바다를 고스란히 전체로 맞닥뜨려 만나는 풍부한 경험이었다. 기분이 너무 좋아져서 자신감을 얻게 되었다. 나를 스노클링의 세계에 빠뜨린 가족들한테 그랬다.

"평생 이 좋은 거 안하고 살았으면 어쩔 뻔했냐! 바다 속은 환상적이네. 바다에 떠있는 게 이렇게까지 재밌을 일이었어."

자연 속에다 나를 맡기고 나면 세상을 보는 눈이 달라지는 건 진리인 것 같다. 그래서 사람들은 시간만 허락되면 무조건 자연 속으로 들어가는구나. 정말 그래야 사람답게 살 수 있는 눈이 생기는 것 같다. 자연이 주는 영감은 늘 대단하던데, 틀에 박혀 있는 내 시점을 다른 시점으로 스스로

101
•

를 이동시키는 능력이야말로 자연이 우리에게 주는 선물인 게 분명하다. 경계를 세우는 것도 잘 하면서 꽤나 경계하는 나 같은 사람에겐 자연은 늘 조금씩 탁월한 사람이 되게 해준다. 내게 영감을 주는 충분한 대상으로 늘 그 자리에 있어줘서 고마운 마음이었다.

그 고마움을 잊지 않았던 터라 몇 년 뒤에 필리핀 보라카이 바다에서 스노클링을 했다. 온가족이 난생 처음 가본 해외여행이었다. 그것도 보라카이라니! 그 바다는 강원도 장호항과는 완전 다른 맛이 있었다. 그때 보라카이가 환경오염으로 몸살을 앓을 때여서 뿌연 초록 바다 속 시야가 아주 안 좋았지만 여행은 누구와 가느냐가 중요하니 괜찮았다. 온가족과 함께 스노클링을 하니 연대하고 동맹하면서 즐길 수 있어서 좋았다.

몇 년 뒤 제주 성산일출봉이 측면에서 보이는 광치기 해변에서 스노클링을 했다. 제주 바다는 구명조끼를 대여할 수 없는 자연스러운 야생 상태다. 우와! 이 야생의 맛. 바다 물살이 급하게 빠르면 몸도 그렇게 흘러갔고 바다 물살이 잔잔하면 몸도 차분하게 스노클링을 하게 된다. 신기한 건 바다 속에선 파도가 높아도 전혀 알 수 없다는 건데 정작 수면 위로 나와 호흡을 하면서 맨몸으로 파도타기는 어려웠다는 거였다.

맨몸으로 스노클링 하는 것은 또 다른 경험이었다. 살면서 결코 못 할 일이 없을 것 같은 느낌이었다. 그것에 임하는 나의 자세가 진지할 필요도 없이 그냥 눈 딱 감고 바다로 빠지면 처음 겪는 낯설음에 잠시 생경스러워하다가, 물결에 호흡을 맞추고 바닷물의 흐름에 나를 내버려두면 그냥 그러면 되는 거였다. 야생은 겪고 나면 내 안에 근성과 강단이라는 여유가 생긴다. 그런 경험이 좋은 기억으로 쌓이면 자연의 대상물들에게 호기심이 계속 생겨나서 좋은 것 같다. 재미와 흥미는 우리 삶을 주도적으로 지속시켜주는 좋은 원인이 되어주기에 충분하다. 그냥 아무것도 도전하지 않고 사는 것에 안주할 건지 아니면 계속 호기심과 흥미를 갖고 안해본 걸 하며 하나씩 모험할 건지는 각자 몫이겠지만, 난 이왕이면 두 팔 두 다리 건강하게 잘 움직이므로 계속 도전하고 모험하며 살고 싶다.

스노클링 이후 자전거에 도전했다. 자전거를 하루에 40킬로씩 타는 남편과 나이 들면서 더 친해지려고 자전거를 처음부터 연습하여 고생한 끝에 10㎞를 탔다. 바람을 가로지르는 느낌은 실로 상쾌했다. 그 느낌 마음속에 저장하며 남편과 함께 잘 늙어가야겠다는 다짐도 해본다. 내 일상에 작은 균열을 선사한 자전거야, 아직은 비록 내리막길과 오르막에 낑낑대며 타고 있지만 인생 후반을 부탁해!

3화
버리면 비로소 보이는 것들

잦은 이사 덕분에 청소와 정리의 기술이 연마될 수 있는 기회가 있었는데 실력이 쌓일수록 내 살림 실력에 맞는, 손에 알맞은 살림 규모는 50평형대가 아니라 20평 빌라라는 걸 알게 되었다. 다섯 식구가 살기엔 좁은 빌라에 살다보니 또 아무리 좁아도 살다보면 그간의 잉여가 발생했다. 새 물건이 생기면 계속 안 쓴 것들을 버려야만 공간이 확보되는데 나누고 버려야 비로소 좁은 빌라에 공간이 생겨나는 걸 보고, 생각은 더 빨리 바뀌어갔다.

두면 언젠가는 쓸 일이 있을 거라는 생각때문에 쓰지도 않는 것들을 집안에 쌓아놓으면 그런 물건들이 차지하는 공간은 약 6평 정도를 잡아먹었다. 1평당 천만원이라 쳐도 육천만원인데 '언젠간 쓰겠지'라고 쟁여놓은 물건들 때문에 육천만원을 버리고 있는 모양새라는 걸 깨달았다. 과감히 버리면 6평의 공간을 버리지 않고 쾌적하게 사용할 수 있었다. 어쩌면 그게 더 경제적이고 창조적일 수 있다고 확신했는데 그건 집 평수를 잡아먹는 건 곧 돈 낭비와도 연결되서 그랬다.

이사를 자주 다니다보니 공간 활용에 대한 창의성이 향상될 수밖에 없었다. 물건들만 덜 소유하면 안 쓰는 물건이 쌓여 있던 그 죽은 공간을 재창조하는 것이 정서적으로나 경제적으로나 효율적이라는 사실을 알게 되었다.

모든 물건은 각자의 유효기간이 있는데 그 유효기간을 정하는 주인이 내가 되어야만 했다. 그래야 관리가 시작되었다. 난 그동안 유효기간을 정하는 것을 내 일이 아닌 것처럼 살았었다. 유효기간이란 없이 평생 간직하고 아껴야 할 재산은 단연 가족구성원 뿐인 게 분명하니 물건이 우리 집의 주인이 되지 않게끔 해야겠다고 생각했다. 우리 가족이 물건에 치여 살기보다 사람이 중심이 되는 집에 살기 원했다. 그러다 보니 일단 소비를 줄이고 가열차게 버릴 수 있었다.

난 성격상 시작하면 강한 결단이 필요 없다. 과거의 물건을 버리는 걸 시작하니 과거에 묶여있는 나를 자유롭게 해줘서서 그랬는지 그렇게 어렵지 않았다. 나에게 과거는 청산의 대상인 게 틀림없었던 것 같다. 남들은 자신의 과거를 버리는 건 존재 자체가 버려지는 것 같은 상실감이 들어서 버리기가 너무 어렵다는 이들도 많이 있지만, 나는 나의 과거를 청산해 나갔다. '나중에 필요할지도 모르는데.' 이런 심정도 내 심정이었지만 지금 필요하지 않으면 앞으로도 필요 없을 거라는 믿음이 필요했다. 미래에 대한 불확실성에 당당할 사람은 없지만, 그 소비를 안 하는 방향으로 살면

되지 않을까? 정말 꼭 필요가 생긴다면 나중에 그때 좋은 걸로 사서 쓰면 된다. 아껴야만 잘 산다는 말도 맞는 말이지만 아끼면 똥 된다는 말도 기가 막히게 맞는 말이다.

막상 해보니 예상치 못한 결과가 생겼다. 미니멀리즘으로 사는 게 내 취향과 가치관에 맞기는 했지만, 뭐든 풍성한 자본주의와 편리함이 선하다는 편견에 익숙해져서 뼛속까지 쩌든 습관들을 하나씩 고치는 게 결코 쉽진 않았다. 숨겨져 있던 것들 뭘 얼마나 가지고 있는지, 그리고 습관적인 욕구들로 얼마나 과소비를 해왔는지 파악하는 과정도 쉽지 않았고, 뭐든 물건을 쓸 때 끝까지 싸그리 싹싹 끝장내지 못하는 몹쓸 습관도 있었기에 다 쓸 때까지 안사고 참고 기다리는 것도 생각보다 쉽지 않았다. 그래도 그 기다리는 시간 동안 아예 장바구니 구매목록에서 삭제된 것도 제법 된다. 소비를 줄였고 대형할인마트에 가서 카트에 꽉꽉 채워오는 과소비도 줄었다. 이게 미니멀리즘의 보람이 아닐까. 가계부를 쓰게 되고 카드값도 줄고 집안도 깨끗해지고 어떤 물건이든 끝까지 마무리를 할 줄 알게 되어서 기뻤다.

미니멀리즘은 욕구를 줄이기 위해 버리는 건 줄 알았더니 호흡을 길게 가져가야 했다. 이 어려운 걸 난 끝까지 갈 수 있을까? 어찌됐든 미니멀리즘은 하다보면 내 가치가 소유의 많음에 있지 않다는 걸 알게 되고 계속 하다보면 내가 얼마나 많은 걸 가졌는지 진짜 알게 된다. 자본주의에 아주 깊숙이 익숙해있는 나 같은 사람에겐 꼭 필요한 도전이다.

내 손으로 놓지 못하는 걸 놓게 될 때 우린 어쩌면 좀 더 창의적으로 살아갈 기회와 힘을 얻을 수도 있다. 버려야 사는 게 맞긴 맞다. 이제는 새

심겨진 곳에서 피어나라

로운 가치를 받아들여야 한다. 난 끝까지 응답할 수 있을까? 그러길 원한다. 버리면 비로소 보이는 것들이 있으니, 그건 바로 물욕과 채워지지 않는 허기이다. 버리지 않으면 보지 못할 것들이다.

과당을 과하게 입힌 과자는 먹으면 먹을수록 가짜 배고픔을 느끼게 한다. 오히려 거친 통밀빵 한 조각을 입에 물고 오래 씹었을 때 그 담백함과 든든함이 포만감을 오래 지속시켜 줄 수도 있다. 인생의 진미는 역시 단출하면서도 심플한 거친 맛에 숨겨져 있는 건가.

4화
수포자의 변

내 남편처럼 수학을 재미있게 하는 사람들의 말을 들어보면 그들의 말에 공통점이 있었다. 수학의 매력은 답이 분명히 나온다는데 있다고 했다. 결과나 결론은 있어도 답이 열려있기에, 답이 여러 개일 수 있는 개연성을 기반으로 한 다른 학문과는 다르다. 수학은 반드시 한 가지 답만 나온다는 점, 공식을 대입하고 문제를 풀어가는 방식은 다양할 수 있어도 답은 하나라는 거다. 세상에… 그들은 얼마나 기본기가 탄탄하게 쌓여 있고 개념원리가 체계적으로 잡혀 있길래 모든 문제에서 답을 만났다는 것인지, 나같이 똑떨어지는 답을 만나본 기억이 거의 없는 수포자에겐 수학이 재미있다는 사람들의 뇌구조는 예전부터 신비롭고 놀라운 존재다. 아니 태어날 때부터 수학 잘 하는 사람이 정해지는 건 아니니 수학 잘 하는 이들의 끊임없는 노력에 더 눈길이 간다는 표현이 더 낫겠다.

심겨진 곳에서 피어나라

날 닮은 게 틀림없는 아이가 수학의 구멍에 빠졌다. 그럴 의지는 없었지만 스스로 수학의 구멍이 되었다. 본인은 잘 하고 싶어 하는데 그게 맘대로 되지 않아서 옆에서 바라만 보기에도 안쓰러울 때가 한두 번이 아니었다. 우리나라에서 '고딩으로 살아간다'는 게 세계적으로 극한직업으로 분류되기도 한다는 말도 과하지 않게 여겨지는 마당에, 그 어렵다는 고난이도의 K-수학에서 좋은 성적을 맞으려면 도대체 뭘 어떡해야 한다는 걸까. 아이 셋 키우며 한 명 한 명 수학에서 좌절감을 만날 때마다 입시 위주의 수학 앞에 당당하게만 서 있을 수 없었다. 수학은 도대체 우리한테 왜 그러는 거야?

그러던 어느 날 우리 집에도 이런 순간이 당도했다. 아이가 방에서 나오더니 모두들 기뻐할 준비하라며 알려준다.

"엄마, 맨날 설명을 들어도 모르겠더니 오늘은 가만히 생각을 하다보니까 갑자기 이해가 되면서 못 풀었던 문제를 나 혼자 풀었어! 나 진짜 너무 기뻐서 막 춤췄다!"

아이가 그렇게 기뻐하는 모습이라니! 아이가 기뻐하니 덩달아 기뻤지만 사실 더 기뻤던 건 아이가 자기 자신을 믿고 기다려줄 줄 알았다는 아이의 그 뚝심 때문이었다. 바깥세상에서야 아이를 기다려줄 여유 없이 휙휙 돌아가 버리니까 집에서만이라도 끝까지 아이가 아이만의 속도로 걸어오기를 기다려 주어야만 했는데, 아이도 자신을 그렇게 대할 줄 알아간다는 게 아이가 수학 문제 하나를 더 푸는 것보다 더 기뻤다.

학창 시절에 점수를 잘 받아야 한다는 목적으로만의 수학 공부는 한 사람의 인생 전체에서 어떤 의미일까? 사교육에 들어가는 그 어마어마한

비용도 다른 의미 있는 곳에 쓸 수 있을 텐데 말이다. 남보다 빨리 선행으로 앞서가면서 좋은 점수를 받아내기 위한 방편으로서의 배움은 학부모입장에서는 행복할 수 있겠지만, 부모 입장에서는 행복만 할 수는 없는 것 같다.

배움이 우리에게 주는 선물과 보상은 무엇이어야 할까? 수학에서 얻는 즐거움이란 생각할 줄 아는 힘에서 나올 텐데 그 생각을 해볼 수 있는 여유조차 우리에겐 허락되지 않는 것 같다. 이런 마음은 정녕 현실감각이 부족한 엄마의 욕심일까? 수학을 잘 해야 대학 입시에 유리한 선택의 폭이 넓어지는 입시의 현실이라 할지라도 꼭 그렇게 수학을 잘하지 못하더라도 다른 능력으로 얼마든지 대학에 갈 수 있다면 좀 숨통이 트일 것 같다. 아이가 자신을 더 믿고 아이가 수학 문제를 혼자 풀고 기쁨으로 다시 춤출 때까지 기다려야겠다.

5화
이기면 손해

남자들이 철이 든다는 증거는 아내가 자기를 위해 얼마나 참아주고 져주었는지 깨달을 때다. 그 말은 무조건 옳다. 반대의 경우도 마찬가지겠지. 아내와 남편이 싸워서 누구든 이기는 사람이 나오면 이기는 쪽이 결국은 손해를 보게 되있는 것 같다. 왜냐하면 진 쪽의 마음은 아프고 화가 쌓여 있으니 어떻게든 다른 방식으로 표출하게 되면서 그 심리는 복수를 불러오기도 하니 말이다. 이걸 아는 사람은 이기는데 목숨 걸지 않겠지, 하지만 나는 매번 이기려고만 했다.

'싸우고 이기면 반드시 손해 보는 상대'는 배우자, 아이들, 언론, 국가였다. 그 얘기를 듣는데 너무나 공감이 되었다. 난 거기에 하나 더 추가해서 내 정체성과도 싸워왔다.

이젠 예전처럼 젊을 때처럼 맹렬하게(?) 국가 권력을 상대로 싸우지 않는다. 아무리 맘에 들지 않아도 그 권력은 국민들이 맡겨준 것이기에 존중하고 따라야 할 것들은—군소리는 잘 해도—열심히 지키려고 노력하게 되었다.

남편하고도 대화하며 내 표현은 하되 싸워서 이기려고 하지 않는다. 남편과 싸워서 이길 바에야 맛있는 걸 찾아 먹고 재밌는 영화 한 편을 보는 게 더 낫다.

언론하고도 싸워서 이기려 하지 않는다. 우리나라 언론을 많이 한심하게 여겼었는데 나 또한 그 영향력 아래서 자유롭지 못하고 언론의 속성상 반드시 판단하면 내게로 되돌아오는 파급력이 있기에 몸 사리고 조심하고 있다.

아이들하고도 싸워서 이기려 하지 않는다. 아이들한텐 져주어야 아이들이 나를 딛고 세상으로 나아가는 다음 단계가 열리는 걸 부인할 수가 없다. 예전엔 부모가 아이들을 몰아붙여야 아이들이 그걸 견디며 힘이 길러진다는 신념 같은 게 있었다. 그런 무모한 도전도 열과 성의가 있어야 하는데 이젠 그럴 힘은 없어져서 아이들을 이기는데 없는 힘을 쓰고 싶지 않다. 아이들을 이겨봤자 뭐하나 싶다. 아이들에게는 이기면 무조건 부모 손해다. 지는 게 남는 농사인 건 이럴 때를 두고 쓰는 말인 것 같다.

마지막으로 내 정체성하고는 싸워온 전적이 꽤 되는데 이젠 싸움 자체를 하지 않으려고 한다. 정체성은 싸워서 증명되는 것이라기보다 그냥 나를 흘려보내면 되는 것 같다. 나 자체가 장르가 될 수 있고 메시지이면 된다는 믿음이 생겼다. 그래서 이젠 나와 싸우는 빈도가 줄어들고 있다. 그러다보니 남에 대한 판단도 서서히 줄어들고 있다. 물론 여전히 판단하고 싫어한다.

　이기려는 것도 욕심에서 나오는 것 같다. 욕심이 꼭 나쁜 것만은 아니지만 욕심은 내가 나를 열지 못하고 가두는 성질이 있어서 내 안에 갇힐수록 내 스스로를 공격할 수밖에 없는 것 같다. 사람 사이에 관계라는 게 내가 나를 대하듯 남을 대하기 마련이던데, 내가 나를 홀대하다보면 남에게도 똑같이 하게 되어서 결국 이겨야만 속이 후련한 싸움닭처럼 살게 되는 듯하다. 누구에게든 이기려고 덤비지 않으려면 내가 내 자신부터 아껴주면 되는 거였다. 그게 뭔지 이제 좀 안다. 내가 내 가치를 알아줄수록 '지는 게 이기는 것'으로 사는 게 가능해진다. 다른 누구보다 먼저 나에게 친절하고 볼 일이다. 그래야 이기는 게 그닥 좋지도 않다는 걸 이해할 수 있으니까.

6화
적게 먹어도 안 죽어

아이들이 어릴 때 우리부터 지구 환경을 지켜보자고 무더운 여름에도 에어컨 틀기를 돌보듯 할 때가 있었다. 폭염이 절정에 달할 때도 하루 두 세 시간만 틀고 나머지 시간엔 선풍기와 샤워로 버텼다. 열대야가 기승을 부리면 어쩔 도리가 없이 에어컨을 틀다가도 이내 에어컨을 끄고 시원한 실내로 찾아가 피서를 했다. 혈기왕성해서 엄마보다 더 더위를 탔을 아이들이 엄마한테 반발도 못하고 더운 여름밤 잠을 설치며 힘겨웠을 생각을 하면 미안한 마음이 든다.

　다른 집들은 밤중에 잘 때도 에어컨을 틀면서 자는지 꿈에도 몰랐다. 24시간 동안 일정 온도를 맞춰놓고 에어컨을 계속 틀어놓는 집도 많다는 얘기를 들었다. 예전보다 여름이 더워져서 나도 이젠 에어컨에 더 많이 의지하게 되었다. 더워서 힘든 것보다 에어컨이 없으면 못 살게 된 게 더 슬프다.

　기상이변으로 폭염일 때 겁도 없이 밖에서 운동하다가 살이 따갑고 아프고 눈이 튀어나올 거 같고 어지럽고 현기증이 나서 큰일날 뻔한 일이 있었다. 어찌 집에 왔는지도 모르게 집으로 기다시피 들어와서 이마에 냉팩을 대고 정신이 혼미해져서 하루 종일 누워있었는데 응급실을 가야하나 싶었다. 이게 다 우리가 편리하게 살겠다고 누려온 댓가를 치르는 중이며, 앞으로 더한 댓가로 치르게 되더라도 군말 없이 겪어내는 것밖엔 별 방도가 없다는 게 우리가 처한 슬픈 현실인 것도 같았다. 커피전문점에서 일회용 컵 없애는 것 하나도 쉽지 않게 편리함에 길들여졌으니, 우리가 자진해서 불편하게 살지 않는다면 겪어보지 못한 기상이변은 계속 되겠지.

　일상의 편리함을 절대 포기 못하는 게 우리가 가진 아픔이고 한계인 것 같다. 우리가 매일 버리는 비닐과 플라스틱들은 분명 우리를 역습하고 있다. 우리가 편리함을 누리는 만큼 반드시 댓가는 치르게 되어 있는데, 우리는 편리함을 포기할 조금의 힘도 내지 못하고 있는 것 같다. 나를 봐도 그렇다. 우리는 더 적게 소비하고 조금이라도 불편하게 살아야겠다고 마음먹고 실천할 때도 있지만, 여전히 내 몸뚱아리는 귀찮은 걸 딱 싫어하고 더 많이 소비하려는 본능이 강하다.

　우리는 노동만으로 생활이 유지되었던 과거보다 정말 너무 많이 먹고 있는 것도 같다. 현대 시대는 옛날보다 절대 노동시간이 부족하기 때문에 살에 농축된 열량을 빼내고자 다시 런닝머신 위에서 땀을 쏟아낸다. 물론 적게 먹든 많이 먹든 운동하는 건 유익하지만, 결과적으로 더 잘 먹기 위해 운동해야 하는 건 풍요로운 자본주의 시대를 사는 우리의 고된 현실인

115
•

것도 같다.

'평생 행복하려면 정원을 키우고 가꾸라.'

'텃밭과 도서관을 동네에 가졌다면 다 가진 사람.'

누가 쓴 건지 기억이 나지 않지만 책에서 읽은 이 격언은 마음을 맑고 차분하게 해준다. 우린 소박하게 살고, 불편하게 살고, 적게 소유하고, 적게 먹으며 몸을 많이 움직이고 책과 예술들로 정신의 풍요로움을 살찌우는 쪽으로 관점을 바꾸면 좋겠다. 생각을 바꾸고 관점의 이동을 계속 하면서 살고 싶기에 자연과 더 가깝게 지내고 예술의 아름다움의 도움을 받아보는 쪽으로 살고 싶다.

여전히 우리 집 냉장고 문을 열어보며 너무 많이 가지려 했다는 생각이 든다. 냉장고 속 식재료 하나라도 끝까지 비워가면서, 유효기간 임박한 것들을 발굴해내면서, 과하게 요리해서 너무 많이 차리지 않고 남기지 않고 싹싹 비워 다 먹으며 조금씩 달라지는 내 자신을 격려해주려고 나름 노력한다. 그래서 오늘도 부지런히 텃밭으로 향할 수밖에 없다. 오늘도 좋은 음악을 듣고 빛나는 그림들을 보며 노동을 회피하지 않고 노래를 부르고 춤을 추며 요리를 해내면서 책을 읽고 사진을 찍어 내 스스로 만족하며 주체적으로 사는 연습을 해본다. 적게 소유하고 살아도 행복하고, 불편하게 살아도 괜찮을 수 있는 내공이란 걸 소유하기 위해.

7화
코로나가 준 선물, 온북 은니들

코로나 팬데믹 상황에서 온라인 북코칭 모임을 시작했다. 나와 가족에게 인생 마지막까지 가장 정직한 보상이 되어줄 수 있는 건 사랑과 체력이라고 믿어왔었는데, 운동도 할 수 없고 누군가와 교제도 마음껏 할 수 없는 상황이 너무도 아쉬웠다. 그러다가 온라인 북코칭 덕분에 새로운 라이프 스타일에 문을 두드릴 수 있게 되었다.

'온라인으로 새 친구들과 얼마만큼 깊어질 수 있을까?'

정중앙에서 중심을 딱 잡아주며 마음의 길을 터주고 핵심을 적시적소에서 집어내주는 정은진 소장의 탁월함 덕분에 그런 우려는 말끔히 사라졌다. 워낙 함께 읽는 책들 안에 보물들이 가득하기도 했지만, 문장 하나하나가 결국에 꿰어져서 삶의 동력으로 작용하는 과정에 길라잡이가 되어주었다. 함께 울고 웃어주는 그룹원들의 진심어린 지지와 응원도 필요했다. 그런 지지는 큰 힘이 되었다.

진정한 공감은 반드시 진심을 통해서만 가능하다. 상대방이 고민하고 슬퍼하며 흔들릴 때 나도 같이 슬퍼하며 울컥하는 것. 같이 기우뚱거리면서 아니 바닥을 드러내 보이면서 눈물이 흐를 때 마음과 마음이 통했는데, 우린 그런 순간을 매회 만났다. 그래서 카톡으로 매일 카톡창이 터질 듯 각자 사연을 쏟아냈고 대화했다. 이젠 우리 사이에 더 많은 이야기를 했어야 한다는 후회가 남지 않을 정도로 '한순간에 진실했다면' 충분하게 여긴다. 우린 마치 사랑하기로 준비되어 있었다는 듯이 만났다.

자연스러운 타이밍에 만나서 그런지 이 모임을 은총으로 여긴다. 그 어떤 잔소리나 지적, 설득이나 강요도 필요 없기에 우린 자연스러운 의식과 변화의 흐름을 받아들였다. 사랑의 근육이 만들어지는 그 흐름에 나를 맡겼다. 우린 꼭 뭘 잘 해내지 못해도 존재만으로 귀하다는 걸 공감 받으니, 각자 자신의 작은 부분이라도 뛰어넘게 되었고 어제보다 오늘 더 조금이라도 괜찮은 사람으로 살아내려고 노력할 수 있었다.

온라인 북코칭을 받으면서 나를 향한 여정을 떠났고 항해는 계속 되었다. 알았던 내 자신을 알아가는 것도 의미 있지만 몰랐던 나에 대해 알아간다는 건 더 의미가 있었다. 나를 찾아 떠나는 항해의 바다는 풍랑이 안정되지도 단조롭지도 않았다. '바다가 요란할수록 어부는 노련해진다'는 격언이 있던데 난 얼마만큼 노련해지고 있는지는 모르겠지만, 일단 파도를 타기 시작했고 파도 위에 서서 중심을 잡는 훈련을 받는 것 같이 느껴졌다.

팬데믹 시대에 세 권의 책과 더불어 랜선을 타고 인생친구들을 만나서 너무나 감사했다. 책은 우리들 곁에서 거들 뿐, 이 만남은 내면과 삶을 되짚어 올라가는 여정이었는데 영혼까지 사랑해주는 친구들의 환대와 지지로 직면의 시간들을 건너올 수 있었다. 친구들이 없었으면 불가능했다. 사랑을 해내려면 올바른 자기인식이 필요하다는 건 이미 알고 있었지만 우리가 정직하고 겸손한 사랑을 배워올 수 있었던 건, 왜곡되었던 자기인식이 바로잡혀지면서 부터였던 것 같다. 자기인식이 완전해질수록 사랑에 대한 이해와 실전이 모두 가능해졌다. 6개월 동안 이 성찰과 실천을 우리들은 주작의 (주님의 작정하심) 아름다움이라고 말할 만큼 감사해했다, 분명 수업의 모든 회기는 끝이 났는데 우린 헤어진다는 건 말도 안 된다며 연인들처럼 서로에게 치근덕거리고 있다.

자기 자신에게 정직하며 하나님 앞에서 정직한 우리의 찐, 정은진 소장에게 고맙다. 그녀는 자신이 가진 모든 걸 우리에게 스며들게 하기를 원했다. 친구가 누군가를 보면 그 사람이 어떤 사람인지 알 수 있다는 말은 일리 있는 말인 것 같다. 그래서 친구 관계에는 시간이 흐를수록 진짜만이 곁에 남는 법이고 모든 관계에는 유효기간이 적용된다는 말도 맞는 말인 것 같다. 우리 모두들 6개월 이상 랜선으로 각자 내면을 탐구하는 여정을 밟아오며 포기하거나 실패할 수도 있다고 생각했는데 각자만의 색깔대로, 자기 페이스대로 항해를 완주했다.

사람을 보이는 것으로 판단할 수 없기에 기본적으로 '나는 저 사람을 이해할 수 없다'는 겸손을 장착해야 한다는 걸 배웠고, 동시에 서로를 알아갈수록 '이해하지 못할 사람은 없다'는 심리학적 이해와 지식과 관용의 마음이 있으면 누구에게도 휘둘리지 않으면서 관계를 건강하게 지켜내는

119

힘은 자라나는 것 같다.

　전국에 흩어져 사는 온라인 친구들이 우리 집에 모여서 첫 오프라인 모임 파티를 하게 되었다. 하늘은 언제나처럼 우릴 향해 열려 있었고 '사람이 사람에게 기적이 될 수 있을까?'에 대한 가슴 벅찬 해답을 얻었다. 저세상 텐션―우리의 중심 은진, 빛나는 똑똑함―지니어스 예인, '애기야 가자' 감동적인 압권―테리우스 연경, 따뜻한 언어 마술사―러블리 유경, 잘 다듬어진 안전감―몽돌 금화, 성찰하고 행동하는―바베트 윤상. 아직도 가야 할 길 위에 서 있는 우리 6인 6색의 인생 마라톤을 응원한다.

대지
The Mother Earth

1화

간격의 미학

집 한구석 따뜻한 곳에서 싹 틔워놓은 씨감자의 싹이 더 자라기 전에 밭에 가서 서둘러 땅 속 감자의 집을 만들어주었다. 감자 고랑 두둑을 손으로 만드는 데 생각만큼 견고하게 흙이 파지지가 않아서 봄이 덜 왔나 싶었다. 텃밭에 흙은 생각보다 부드러워서 정형이 쉽지 않다. 파내면서 동시에 꾹꾹 눌러주고 다지고 그러면서 파내고 또 눌러주고 해야 했다. 영화 〈리틀 포레스트〉에서 김태리는 호미로 푹 찍어 눌러 그 자리에 씨감자를 1초 만에 박아주던데 나는 왜 이리 더딜까. 고작 한고랑에 감자 심는데 허리가 쑤셔왔다. 역시 왕초보 티가 난다. 영화와는 다르게 감자는 깊게 파서 심어야 하고 간격도 제법 띄워주어야 한다고 들었다. 각자 물관을 확보해 주어야 서로가 서로를 찌르며 성장하지 않을 테니까 감자를 심으며 당부의 말을 해주었다.

심겨진 곳에서 피어나라

"떨어뜨려 줄 테니 사이좋게 지내렴."

식물들끼리 거리가 촘촘하면 먼저 싹틔워 자라나는 우량아 감자가 영양분을 독식적으로 빨아먹겠구나 싶었다. 늦깎이로 자라난 미숙이 감자들은 나날이 늦은 성장으로 부실해하면서도 병충해에 대한 저항력도 떨어질 것이다. 한쪽은 비실거리다가 어쩌면 아주 작고 적은 양의 열매를 맺을까봐 가깝게 판 감자두둑에 더 간격을 주었다.

감자의 생존을 위한 거리두기는 감자가 건강하게 자라 오래 버티게 해줄 힘이고, 감자끼리의 관계에서 상생할 수 있는 힘은 그 간격에서 나온단다. 감자의 생태계든 사람의 생태계든 이렇게까지 똑같을 일인가 싶었다. 관계의 간격은 얼마나 신사적이고 중요한가. 그러니 아끼고 사랑할수록 속속들이 알고 싶고 채우고 싶고 그 사람의 마음속까지 침범하고 싶어 하는 우리들의 넘치는 관계 침범력이 그게 정말 사랑인지 되물어 볼 필요도 있는 것 같다.

봄바람이 뼈에 들어찰까봐 그 예사롭지 않은 봄바람에 맞서서 일할 요량에 겨울옷으로 중무장을 하고 밭에 가니 손바닥만한 땅뙈기에 감자고랑, 완두콩 고랑에 비닐멀칭 작업만 했는데도 땀이 난다. 허리는 또 이렇게까지 아플 일인가 싶다. 밭일을 마치고 장을 보러 동네 마트에 가는 길목에 진분홍색 매화꽃이 피어나오고 있었다. 매섭게 부는 바람에 그 어린 꽃잎이 흔들리고 있는 걸 보자니 마음이 괜시리 이상해져, 두툼한 겨울 잠바를 벗어던졌다. 겨울을 품어온 봄답게 봄은 따사로움에 취한다고 봄이 아니라 이런 비바람에도 군말 없이 흔들려주는 게 봄인 거였다. 나도 자연의 일부라며 식물들과 동일시하기를 즐겨했는데 강풍을 다 맞아주고 있는 어린 꽃잎과 나는 비교대상이 될 수 없음을 인지한다.

'너는 나보다 창조주께 군말 없이 순종하는구나! 나는 조금만 추워도 징징거리는데.'

밭엘 다녀올 때마다 마트 문을 열고 들어가 그 풍요롭게 들어차 있는 진열장을 바라볼 때면 산다는 게 이렇게 쉬워서야 되겠냐는 자괴감이 든다. 나는 고작 그 조그만 밭에 감자고랑을 파고 감자두둑을 만드느라 손톱이 쎄 까맣게 흙이 묻었고 허리가 아프고 땀이 찼는데, 게다가 몰려드는 허기로 정신을 못 챙기겠는데, 여기는 뭐 이리 카드 한 장만 있으면 고된 노동과 수고는 있지도 않았다는 듯, 흙의 발효된 비료 냄새는 필요 없다는 듯 모든 게 매끈하고 모든 게 이리 풍족하냥 말이다. 우리가 누리는 이 카드 한 장의 편안함은 과연 누구를 위해 좋은 건지. 뭐가 뭔지 알 수 없는 기분으로 장을 보기도 한다.

그럼에도 아무리 작은 텃밭이라도 내 손으로 땅을 기경해서 씨를 뿌리고 가꾸고 생명을 키워내는 이 작업은 계속 해야만 한다는 것이 내 결론이다. 이렇게라도 하지 않으면, 이 세상에서 내가 당연히 누리고 있는 것들이 사실은 수많은 사람들의 손에 수고와 노고의 결과로 받게 된 것들인데, 이렇게 내 손에 흙을 묻히고 땀을 흘리지 않으면 내가 얼마나 빚진 자인지 알 수 없을 테니 말이다. 그 보이지 않는 노고에 대한 감사하는 마음은 내 허리가 조금이라도 실제적으로 아파봐야 더 체감되기 마련이니 말이다.

2화
더 흔들리기

나만을 위해 혼자서 카페를 가본 적이 없다. 커피를 마시면 몸이 흔들리는 것 같은데 이건 간이 건강하지 못한 이유도 있고 커피 한잔 값에 흔들리는 것일 수 있다. 커피값은 늘 머리를 띵하게 한다. 그런 내가 이젠 좀 안 해 본 짓을 한다. 이젠 혼자서도 카페를 간다는 말 되시겠다.

바람이 분다고 흔들릴 게 아니라 바람이 불어주지 않아도 스스로 알아서 흔들려본다. 알아서 적당히 흔들려야 뿌리는 유연하게 박힐 거 같아서 그렇다. 잘, 예술적으로 흔들리지 못하면 부러질 일만 남는다는 사실은 또 무섭기도 하니까. '남의 눈이 중요한 게 아니라 내가 봐도 내가 괜찮은 사람'이면 되는데, 이 멋져짐에 걸림돌은 열등감과 우월감인 것 같다. 이 둘의 속성은 사실 같은 거라 꼭 붙어 다니면서 유연함의 윤활유를 고갈시켜버린다. 이젠 서서히 나이가 드는지 우월감으로 거들먹거릴 여력도 별로 없다. 혼자 카페 가기, 내겐 그 어려운 걸 또 해내며 적당히 흔들려본다. 잘 흔들려야 뿌리가 강해지니 바람이 멈추는 걸 목 빠지게 바랄 필요가 없어지니 좋다.

30대를 갓 넘겼을 때 교회 목사님께 시 〈흔들리며 피는 꽃〉을 선물 받고, 흔들리는 건 당연한 거고 그게 가치 있는 일련의 움직임인지 처음으로 용납 받았던 기억이 있다. 아픈 줄도 모르고 살아왔다는 걸 비로소 인식했었다. '그래 난 아파도 돼', '다 아프면서 크는 거구나'라는 생각을 인정해 주었다. 제대로 흔들리는 사람은 내 자신에게 남에게 무례하지 않게 된다는 것도 나중에야 알게 되었다. 그 후로 질풍노도의 시기를 격하게 보내고 있는 청소년들이나, 성인들을 만나면 주저 없이 이 시를 건넸다.

길거리에 흔들리며 피는 꽃들을 본다. 세상천지 온통 사방이 죄다 흔들리며 피는 꽃들을 보면서 살게 하신 이유가 있는 것 같다. 흔들리며 자라본 사람만이 흔들리는 사람을 견뎌낼 여백을 가진다. 부드러움은 연약함을 견디게 한다. 그 유연성이 좋아질수록 여백은 늘어나게 되고 그 여백을 가진 사람이 내 자신과 남을 좀 긍휼히 여길 수 있다. 흔들리지 않으면 부러져 버리는 일만 남는다. 다른 사람을 내 안에 들여놓을 여백이 없는 사람은 다른 이들을 궤변자로 만들 수도 있다. 지혜롭고 훌륭한 말을 쏟아낼 수 있지만 여백이 없어서 혼자 부러질 수 있다.

난 지혜롭고 훌륭한 말은 못해도 되지만 부러지지 않는 게 인생 목표가 되었다. 늘 주일을 지내면서 지혜롭고 훌륭한 말을 가족들에게 쏟아냈던 조급함에 가족들을 힘들게 했었는데 그때는 내가 너무 조급했다. 흔들리다보면 내일 일은 모르고 산다는 것, 인생은 내 손에 달려있지 않다는 것, 그분의 선한 뜻대로 인도하신다는 믿음으로 평안을 얻을 수 있다는 것, 내 짐은 가볍다는 것, 소망이 굳어질수록 흔들림을 삶의 일부분으로 인정하는 것, 이런 여백과 여유가 생겨난다는 건 참으로 신비로운 일이기도 하다.

남편과 서해안 소나무 숲에 자주 가서 흔들리는 소나무 숲을 멍하니 보곤 했다. 흔들리는 것들 사이에선 흔들리지 않거나 흔들리거나 두 가지 중 하나만 하면 되었다. 하나만 해도 된다는 게 그게 어디냐 싶었다. 그때 너무 추웠는데, 인생 너무 잘하려고 할 필요가 없다는 걸 알게 되었다.

이제 피곤하면 하던 일과 생각을 멈춘다. 누군가를 조종하기 위해 죄책감을 조성하거나 내 자신을 피해자 코스프레 하지 않는다. 그렇다고 내 약함을 못 본 척하진 않는다. 겉은 나사 두개 정도 풀린 듯 살고 있지만 누구도 원망하거나 망신주지 않는다. 요즘 같은 때 이 정도면 잘 살고 있다고 스스로 여유를 부려본다. 내 마음아 더 자주 흔들리고 더 많이 부드러워지기를.

3화
심어신 곳에서 꽃피우기

흐드러지게 핀 꽃 아래서 꽃을 보며 그 향기에 취하는 시간은 달콤하지만 텃밭에 가서 보드랍고 거친 흙을 만지는 시간이 더 좋다. 비오는 날 종묘사에 들렀더니 일주일새 온갖 식물의 모종으로 그득하다. 생명으로 막 피기 시작한 그 여리디 여린 아이들을 보고 있는 것만으로 나의 봄은 이미 충만하다. 꼭 모종을 볼 때마다 물욕이 뻗친다. 코딱지만한 땅뙈기에 온갖 아이들을 다 불러 모아 키워내고 싶지만, 올 텃밭 컨셉은 '다품종 소량 재배'다.

상추, 대파, 부추, 쑥갓, 겨자, 깻잎, 딸기를 우리 밭으로 초대했다. 주중에 밭에 못가니 흙이 딱딱하게 굳어 있었다. 아무리 최대한 굵겨가며 알아서 크게 내버려 두는 직파농법을 지향한다 해도 땅에게 미안했다. 땅을 살살 파내어 모종을 심는데 비님이 마침 내려주신다. 이런 다정함이라니!

생명을 기르시는 이는 나의 필요를 언제나 뛰어넘으시며 생명을 돌보신다. 이런 맛에 밭을 찾는다면 너무 무책임한 농부인건가? 우훗. 밭에 있는 시간에는 할 수 있는 최고의 열심을 내야 함을 몸이 먼저 알고 있다. 기르시는 분의 섭리와 나에게 맡기신 수고는 언제나 함께 열매를 피워냈으니까 말이다.

모종은 본래 자기 모태 흙을 머금고 새로운 땅으로 옮겨진다. 뿌리가 땅에 내리기까지 필요한 건 옮겨진 땅의 흙이다.

'이제 여기가 새 집이야. 뿌리만 잘 내리면 넌 안전해.'

흙을 솔솔 뿌려주면서 토닥토닥 돋궈주면서 꾹꾹이를 하며 용기를 준다. 비님은 모종들의 이삿날을 보호해주며 내려주시니 옮겨진 땅에 힘껏 뿌리를 내려야하는 건 온전히 식물들의 몫이다. 밭에 옮겨 심은 모종들을 보자니 우리들과 이리 또 닮아 있다. 우리도 땅에 뿌리를 박고 땅을 터전 삼아야만 살 수 있는 존재들인데 제아무리 높은 곳에서 가진 게 많은 사람이어도 땅에서 살다가 땅으로 간다는 걸, 되도록이면 땅에 붙어서 낮게 겸손하게 사는 게 우리에겐 가장 안전하다는 것도 그 섭리를 벗어날 수 있는 사람은 아무도 없다. 그러나 그걸 모르고 살 수도 있다. 땅에 낮게 겸손하게 붙어 살아야 안전한지 아닌지 그걸 인정하느냐 안하느냐의 차이겠지. 땅을 뿌리내려 열매 맺는 기경의 대상으로 보는지, 땅을 얼마나 많이 소유해야 만족하는 이윤의 대상으로 보는지, 이 관점은 작은 차이인 것 같지만 실제 삶으로 살아냈을 때 결과물들은 큰 차이가 날 것도 같다.

우리 가족은 결혼을 하고 지금껏 일곱 번의 이사를 했다. 그때마다의 필요와 욕구와 상황들에 충실한 결정이었다. 그때 우리의 선택을 되돌아보면 나의 정체성의 변화가 또렷이 보인다. 살고 있던 회사 사택이 철거 예정이라 나와야 해서, 아파트 분양을 받아서, 아이들과 교회를 걸어 다니고 싶어서, 길가 아파트라 잠을 못자서 잠을 자기 위해 조용한 곳으로, 살던 동네 학군이 대전 8학군이었는데 아이들을 과열된 경쟁 속에 내몰고 싶지 않아서, 이사 온 동네에 걸어 다닐 수 있는 고등학교가 없고 대중교통이 좋지 않아서, 빚을 청산해야 해서 작은 집으로 줄여서, 세종시에 새 아파트를 분양받아서, 남편연구소와 가깝게 살려고 대전으로 다시 돌아오는 등의 이유들이 있었다. 집을 부동산으로 여기지 않아도, 재테크와 이윤을 목적하지 않아도, 예상치 못한 이유와 피치 못할 사정으로 이사를 자주 할 수밖에 없었다. 살던 집마다 동네 시세보다 늘 싸게 내놓고 팔았기 때문에 복덕방에선 팔아주겠다며 열성적으로 나섰고, 집값 다운시키며 나가니 동네 주민들에겐 민폐가 따로 없는 집이었다. 사고파는 계약 과정에서 시간적 여유가 없거나 돈이 부족하거나, 매도인과 매수인의 시기가 맞춰지는 과정이 어렵거나, 누가 갑자기 말을 바꾸거나 했는데 그 과정 속에서도 늘 때때마다 비를 내려주시듯 적임자를 보내주시는 경험을 반복적으로 겪어왔다. 가장 적확한 타이밍은 비를 내리시는 분만이 정하셨다. 우리는 늘 예상치 못하는 방법으로 말이다. 그 손길과 섬세한 인도하심 앞에 우리 가족은 늘 안전감을 얻을 수 있었다.

'여기가 너의 새 집이야. 뿌리만 잘 내리면 넌 안전해.'

땅을 옮겨 심기어지며 보내시는 모든 곳에서 최선을 다해 생각과 행동하는 훈련을 자연스럽게 받게 된 것 같다. 집 앞에 고물상 폐차장이 있으면 리어카 끌고 다니시는 할아버지 할머니를 뵈면서 리어카를 같이 끌어

드릴 수 있는 시간을 얻었고, 집이 1층이면 창밖으로 보이는 땅을 자연정원으로 삼았다. 넓은 집에 살을 땐 집에 친구들을 초대하며 크고 작은 교제의 장을 열 수 있어 좋았고, 작은 집에서 살을 땐 작은 것에 감사하며 살림을 작게 운영하는 기술을 체득할 기회로 받았다. 어떤 집에 심기어지든 사랑받고 있는 증거를 일상에서 찾으며 살았고, 다음 집으로 옮겨질 때면 사랑받았었다는 증거로 새롭게 열릴 길을 기대하게 되었다. 다른 이유도 많겠지만 난 이런 이유들로 잦은 이사에서 그때마다 의미와 재미들을 찾아냈고 그래서인지 이사 때마다 에너지가 빵빵하게 충전되었던 것 같다.

옮겨 심어진 곳에서 뿌리를 내리고 꽃을 피워내는 시간들은 쉽지 않지만 때때마다 비와 햇빛을 골고루 내려주시는 섭리로 인해 예술적으로 살아가는 기회를 얻을 수 있다. 진정한 예술은 꼭 화가가 되거나 음악을 만들어 부르거나 멋진 춤을 추는 이들만의 것이라기보다, 옮겨지는 곳이 어떤 곳이든 내 작은 생각과 몸짓들을 되도록 아름다운 것들로 향하게 맞출 수 있고, 그렇게 뿌리내려 열매 맺어 간다면 그것도 일상 속의 예술가라고 부르고 싶다. 그런 예술가로 살아가다보면 사랑받았었고 사랑받고 있는 증거로, 심긴 곳마다 꽃을 피우는 사람으로 살 수 있지 않을까.

4화
예술가가 다 해

나이 들어가면서 남의 결혼식을 가면 그렇게 눈물바람이 나는 게 주책스럽게 여겨졌는데 이젠 시상식을 보면서도 눈물바람이다. 다양한 예술 시상식에서 수상하는 예술인들의 수상 소감을 들으면 눈가가 축축해진다. 우리를 긍휼히 여겨주시는 하나님 아버지를 시상식에서 찾는 예술인들의 마음에 나도 스며드는 것 같다. 그들의 그 진맛 그대로 작품에 스며들었기에 좋은 작품이 많았나보다.

그들은 자기의 자리를 잘 아는 자들이다. 골방에서 기꺼이 존재하며 양지를 욕심내지 않는다. 욕심내는 순간 귀신같은 관객은 그 속을 다 알아보기도 하니까. 배우 김새벽이 "연기를 한다는 건 참 어렵습니다. 하지만 저는 연기하는 것을 여전히 좋아합니다."라고 말하는데 그들의 지구력이란 것에 압도 된다. 배우 오정세는 "인생이 아무리 노력해도 안되는 게 있습니다. 내가 못해도 잘해도 결과는 다 다르게 오더라구요. 노력에 대한 결과는 나에게 원인이 있지 않았습니다. 지금 이 순간도 언제나 최선을 다해 열심히 사시지만 여전히 산다는 게 힘드신 분들, 자책하지 마세요. 여러분 탓이 아닙니다."라고 말하는 배우 오정세의 내공이 깊어서 깜짝 놀랐다. 연출가 신유청은 "바다 위에 섬은 떨어져있는 듯 보이지만 실은 수면 아래에서는 하나로 연결 되있기에 모두 하나이듯이 우리 모두 그러한 존재"라는 이런 마음에 와 닿는 말을 했다. 예술인들은 우리네 인생들을 이렇게 어루만져준다.

명덕고등학교 재학 시절 내내 합창단에서 성악가 김동백 선생님의 가르침을 받으며 노래를 부르는 행복한 시간이 있었다. 그때 방송인 송은이 언니가 엘토 파트장으로 나는 메조 파트의 일원으로 함께 합창단에서 노래를 불렀었는데, 그때 은이언니 덕분에 너무 신나는 시간들을 보냈었다. 은이 언니는 명덕여고에서 단연 인기 1위의 사람이었다. 성격이 너무 착한 선배여서 누구나 좋아했는데 무엇보다 너무 재밌고 에너지가 넘쳐나서 어딜 가든 분위기를 띄우고 리더쉽이 빛이 났는데 공부까지 잘 했고 운동, 노래, 체육 등등 특기가 넘쳐났다. 명덕여고 학생이라면 누구나 다 은이 언니를 좋아했었다. 선생님들까지도 말이다. 은이 언니가 지나간 자리는 즐거움과 기쁨이 생겨났는데 그게 언니가 가진 가장 치명적인 매력이었다. 보이시한 매력이 있던 언니는 합창단 무대에 설 때 치마단복을 입는 것을 빼곤 언니 인생에 치마란 입은 적 단연코 없었을 거다. 언니에게 소개팅 주선을 받아봐서 언니를 좀 안다. 언닌 보이시한 매력의 소유자였는데 상당히 명석하면서 동시에 성품이 참 좋은 사람이었다. 은이 언니와 합

133
•

창단 했던 추억은 내 안에 예술이 주는 기쁜 기억으로 남아 있다. 2019년 연예대상 시상식에서 언니가 수상 소감을 말하는 걸 들었을 때 사람 성품은 잘 변하지 않는다는 걸 보며 확인했다. 언니가 저렇게 진솔하게 진짜 자기 이야기를 하고 남을 높이고 감사하는 모습은 예전과 너무나 같아서 마음이 참 좋았다. 고딩 때 언니와 함께 보낸 시간들은 참 행복했었다. 좋은 사람과 좋은 예술을 하며 행복했던 기억은 지금 떠올려봐도 그 느낌은 지금까지 살아있다.

믿었던 사람에게 실망하게 되어 분노하다보니 기력이 빠져나가 누워 있을 때가 있었는데 그때가 마침 오디션 프로그램 〈팬텀 싱어〉를 끊임없이 들을 수 있는 시즌이었다. 신경을 끊고 생각을 중지하는 데 운동도 좋지만 비실거려야 할 땐 누워서 극도로 아름다운 음악을 듣는 게 명약이다. 이럴 때면 정말 예술하는 이들이 없었으면 어쩔 뻔했나 싶다.

"여러분만을 위한 것이 아니었어요. 저의 최고의 노력을 들여 요리를 만들 때 너무 행복했어요. 예술가는 결코 가난하지 않아요. … 예술가의 가슴에서 나오는 한 부르짖음이 세상을 울릴지니 내 인생 최고를 창조할 기회를 주소서."

영화 〈바베트의 만찬〉의 바베트에 이 말도 자아가 끊임없이 확장하는 데에 요리도 예외가 아니라고 당당하게 말해주어서 고마운 영화였다. 이 영화 덕분에 매일 밥을 차리는 게 창조적인 예술임을 재차 확인할 수 있어서 좋다.

귀가 있다고 모두 다 느낄 수 있는 게 아니라는 건 가수 오디션 프로그램을 볼 때 알 수 있었다. 아무리 가수가 노래를 잘 불러도 말을 걸어주는 능력은 또 다른 부분이어서 어떤 예술이 마음속에 들어와 말을 걸어주면 감각을 열어놓고 보이지 않는 그 아름다움을 마음으로 보려면 보인다. 그래서 가슴도 아프고 눈물도 나고 공감도 되고 감동 받으며 마음에 카타르시스가 솟아나는 거겠지. 우리에게 예술적 재능이 다 있는 게 아니고 재능은 하늘이 주시는 영역이니 평범한 우리들은 그저 예술을 많이 듣고 읽고 보면서 사는 것 외에 다른 방법은 없는 것 같다. 누구나 입이 있다고 내 말을 상대방의 마음속에 다 전달하지 못하는 우리의 한계란 늘 있으니까.

병원에서 오래 생활 할 때 역시 심각하거나 비관적이거나 슬픈 생각, 말은 되도록 안하려고 노력했다. 개그감만이 우리 가족 모두를 살렸다. 좋은 음악, 재밌는 영상, 재밌는 말을 골라했고 흥미진진한 폰게임에 심취했고 신나고 감동적인 드라마와 영화만 취사선택해서 보며 살았다. 어차피 아무리 노력해도 상황이 달라질 게 없다면 내 기분부터 가족들 기분부터 챙길 일이었다. 기분은 전염되니까. 그게 나와 가족들과 남들에게 모두 좋은 선택이 되었다. 어떤 상황을 살든 평안의 승리를 얻기까지 오직 예술만이 열일해주고 있다는 사실을 인정한다. 오늘도 오늘의 일용한 예술을 먹는다.

5화
하늘과 연애하기엔 텃밭이 성지

난 아이들에게 농업 분야를 끊임없이 권장했다. 그래서 애들 붙잡고 강요할 게 아니라 나부터라도 땅과 친하게 지내야 했다. 일단 집 앞에 작게나마 텃밭부터라도 하고 싶었다. 아이들 초딩 때 일 년 동안 주말농장을 들락날락 거릴 때 처음으로 땅과 식물들을 돌보면서 '하나님이 하셔야 하는 거구나'를 경험했다. 그럼에도 은퇴 후 귀농을 계속 꿈꿔왔다.

가을이면 늘 깻단 터는 소리와 깻단의 고소한 냄새가 1층 살았던 아파트 창문으로 다 들어왔었다. 낮이면 텃밭에 모여든 도시농부들의 밭 매는 소리와 어울려 대화 나누는 모습이 그리 좋아보였고, 해가 어스름하게 질 때면 호수로 밭에 물을 듬뿍 주는 걸 보며 내 마음까지 시원해졌다.

뜨거운 여름 내내 밭이 짙은 초록으로 무성해지면 농부는 여름에 어찌 일을 하나 궁금하고 걱정도 되었는데 하룻밤 만에 농작물을 거두어들이고 가을 경작을 위해 밭을 어느새 갈아엎어놓는 부지런함을 보며 감탄했다. 아파트 단지 앞 주택 단지의 빈 땅은 이렇게 부지런한 손길이 닿지 않는 곳이 없었다. 난 언제 참여할 수 있을까 마음만 있었는데 일단 기경할 땅이 없었다. 자본주의 세상에선 땅이 부의 상징 아니었던가. 그러니 난 땅이 있을 리가 없었다.

대전으로 이사를 오니 작지만 우리 부부에게도 농사지을 땅떼기가 생겼다. 아이들도 하나둘 집 떠나니 우리 '부부의 세계'에는 노동과 땀방울의 주름살이 그어질 예정이었다. 비록 6평 땅이지만 부자가 된 기분이었다. 우리 부부에게 생길 주름살 부디 자연스럽게, 섹시하게 자리잡기를 바랬다. 감성리 학마을 6평 소작농 부부의 농사는 그렇게 시작되었다.

우리 텃밭 앞엔 '30㎞'라 쓰여져 있는 교통 표지판이 있다. 우린 늘 바쁘고 빠르게 살다가 텃밭엘 가서야 그 속도로 살 수 있게 된다. 텃밭엘 가면 지는 저녁 햇살과 풀 향기, 새소리, 바람만으로 가득하다. 그걸 느끼고 있으면 그 순간만큼은 삶의 속도가 0㎞가 된다. 그게 그렇게 좋을 수 없다.

삽과 곡갱이, 호미질로 무성한 잡초들을 뽑아내느라 땅을 뒤집고 헤쳐낸다. 땅을 고르게 해서 퇴비를 덮고 모종을 사, 심고 물주면 이젠 내 손의 의지를 떠나 자란다. 텃밭에 있는 시간이 늘어날수록 점점 앞날에 어떤 일들이 벌어질 지 준비하거나 계획하거나 하는 이런 류의 움직임은, 줄어들거나 없어지기도 한다.

받는 자로 산다는 것도 녹록치 않은 일인데 땅을 만지며 사는 건 상상보다 훨씬 좋다. 땅 속엔 여전히 많은 것들이 공생하던데 땅을 만지면서 내 우울함도 다독여졌다. 땅에 물을 주면 갈라져있는 내 마음 바닥도 적셔졌다. 땅을 돌보는 일은 나에게로 스며들었고 다시 땅으로 전해지는 듯 했다. 땅은 나에게 기댈 수 있는 존재가 되어주고 땅은 나로 인해 하루하루를 버텨내는 공생관계가 되어가는 듯하다.

텃밭에 비오는 날 빼고 자주 가는데 갈 때마다 마음이 좋다. 풀이 나오기 무섭게 뽑아내고 EM도 뿌려주고 '힘내서 잘 자라라'는 말도 해주는데 얘네들 정말 잘 자라나준다. 옆 텃밭은 주인 없는 돌보질 않는 텃밭이라 아이들이 야생미 있게 자라나긴 하지만 그 꼬질꼬질함이 감춰지질 않아서 맘이 짠하다. 이름 모를 풀들이 같이 자라고, 열매들은 썩거나 죽고, 비리비리하고, 떡잎을 제때 뜯어내주지 않아서 열매가 바싹 마르기도 한다. 하나님이 키우시는 거 맞지만 농부는 당연히 수고해야 한다.

직파농법인가, 태평농법인가 농작물을 자연 상태로 자라게 두는 농법이 있다는 얘기를 들었었다. 하늘을 그렇게까지 경외할 수 있을까싶게 믿음 좋아 보이고 매력적으로 느껴졌지만 막상 텃밭을 가꿔보니 돌보는 수고를 하지 않으면 소출도 없다는 걸 배운다. 이 지구상에 어떤 생물도 100% 자연 상태인 건 없고 다 사람 손을 탔고 사람 손에 길들여져 왔다는 걸 이 작은 땅뙈기에서도 확인할 수 있었다. 돌봄의 정성이 없으면 생명체는 애정결핍을 겪다가 병에 걸리고야 마는 건 사람이나 다른 생명체들 모두 다 똑같은 것 같다. 텃밭의 생명들도 농부의 발자국 소리를 들으면서 성장하고, 가정의 아이들도 부모의 사랑과 기다림으로 자라나는 것도 너무 똑같다는 걸 본다. 과한 방임이나 통제가 아닌 기다림과 인내의 수고로 가득 찬 텃밭과 가정에 건강한 열매가 맺히는 거겠지.

심겨진 곳에서 피어나라

텃밭에서 막 따온 싱싱한 수확물로 채워지는 식탁은 말해 뭐할까. 마트에서 사다먹는 것하곤 맛은 물론 향부터 다르다. 텃밭 수확물을 수확해서 집밥을 먹는 생활은 되게 소박해 보이지만 사실 너무나 가슴 뿌듯해지는 부잣집 느낌이다. 아니, 부자도 이런 부자가 있을까? 그때그때 먹을 만큼만 수확해서 싱싱하게 먹는 습관은, 냉장고에 꽉꽉 채워서 두고두고 먹어야 한다는 자본주의적인 삶에서 벗어날 힘을 준다. 여력만 된다면 닭도 키우면 좋겠는데 그건 완전 귀농을 해야 가능하겠지.

올해도 슬슬 텃밭 농사가 시작되었다. 초봄의 밭은 춥고 메마른 바람이 장악하고 있다. 마늘 싹이 빼꼼히 고개를 내밀고 올라온 이웃의 텃밭을 만났다. 추운 겨우내 봄을 품어온 정말이지 강한 마늘이라니, 보기엔 그렇게 앙증맞고 예뻤는데, 역시 마늘은 마늘! 텃밭 흙을 퍼 와서 집에서 완두콩 씨를 심어본다. 작년에 무씨를 맥락 없이 잔뜩 땅에 뿌렸던 나의 만행이 생각난다. 땅을 대할 때 마음의 규모도 없고 경외심도 확실히 부족했다. 많이 빨리 키워서 서둘러 먹을 생각만 가득했던 거다. 올해는 뿌린 대로 거두는 땅의 정직함을 배우고 싶다. 퇴비도 준비했고 필지도 좀 늘어날 것 같다. 텃밭 농사일지는 4월 말이나 5월부터 본격 시작인데 텃밭은 매일 가고 싶다. 보살피는 수고를 사랑하는 사람이라면 텃밭은 은퇴 전엔 요양, 정신수양인 듯하다. 은퇴 후에 텃밭은 내 자체가 될 것만 같다. 집 앞에 텃밭이 있는 노년이었으면 좋겠다. 지금은 집에서 차로 10분 거리이지만 손바닥만한 땅이어도 기경할 땅이 있다는 건 큰 위로다. 자본주의에서 살아남기 위해선 텃밭은 확실한 격려가 되어준다.

집 화분에도 무와 완두콩을 심었다. 무씨는 청량한 마블빛깔처럼 영롱

하더니 완두콩 씨는 탱고 춤을 추는 치마단 같이 붉고 예쁘다. 씨앗만으로는 모종도 잎사귀도 열매도 가늠 안 되던데, 그건 사람도 마찬가지 아닌가. 오래 기다리는 연습을 해야겠다.

비밀의 화원

Le Jardin secret

1화
나에게 건네준 말

둔감함이 나쁜 게 아니듯 예민함이 나쁜 게 아니라고 생각한다. 둔감한 사람은 나의 예민함을 탓하기도 하지만 난 둔감한 사람을 탓하지 않으려고 노력하기 때문에 예민한 내가 맘에 든다. 심리학 공부를 조금이나마 하는 이유는 나를 알수록 남을 더 폭넓게 이해할 수 있기 때문이다. 예민한 만큼 남에 대한 이해도가 넓고 깊어질 수도 있기에 인격을 갈고 닦을 기회도 많은 것 같다. 동시에 그 예민함으로 남을 날카롭게 분석하거나 궁예질처럼 꿰뚫어본다한들 너그럽게 못하다면 심리학 공부는 소용없다고 생각한다. 어떤 훌륭한 설교라도 나만 옳다는 건 울리는 꽹과리일 뿐 별 의미 없는 것과 같은 맥락이다. 나를 알아가고 그걸 인정한다는 건 사실 기적과 같은 은혜 아닌가. 예민하든 둔감하든, 평범하든 쉽든 모두 관용으로 걷는 길 위에 있다고 힘써 믿어보기 시작하기로 했다.

"의사선생님이 잘 생겼길래 보내 준거야."

아침에 출근하는 길에 남편이 읽어보라고 건네 준 신문 기사엔 흥미로운 이야기들이 있었는데 요약하자면 이렇다.

- 예민한 사람은 감정이 안정적인 상태의 다정한 상대와 함께 하는 것이 좋다.
  (아, 그래서 난 남편과 결혼한 거였구나. 김창환 아저씨 같은 사람이 좋고, 정재형, 양동근, 나에겐 이런 사람이 좋은 거였구나.)
- 예민한 사람에겐 관계는 유익하고 고독은 해롭다.
  (아, 그래서 내가 관계할 때 과잉 리액션을 하는구나.)
- 예민함과 예리함은 얼마나 다른가. 예민한 사람과 섬세한 사람의 차이는 뭘까. 똑같이 민감한데, 왜 누구는 스스로 지쳐버리고, 또 누구는 예민함을 재능으로 바꿀까.
  (아, 그래서 내가 빨리 지쳤었구나.)
- 예민함을 잘 활용하는 사람과 예민해서 방전되는 사람의 차이. 그것이 중요하다. 예민함을 잘 다룰 수 있는가가 결국 중요한데 예민한 이에겐, 시간가는 줄 모르게 만드는 대상이 정답이 될 수 있다.
  (아, 그래서 내가 뭔가 집중하면 좀 살만해진 거구나.)

- 〈아주 예민한 사람들을 위한 책〉

쉽게쉽게 이해할 수 있는 신문 기사 내용을 보니 〈센서티브〉라는 책의 한 문장이 생각났다. '민감한 사람은 훨씬 풍요로운 인격을 가진 사람으로 살 수 있다'는 그 문장은 내 인격이 풍요롭지 못해서 눈물 없인 볼 수 없던 문장이었다.

민감하기 때문에 공감을 잘 할 수 있고 그 연장선상에서 인격이 갈고 닦아질 기회가 남들보다 많다는 점은 기회이기도 하다. 예민하니까 깎여져야 할 부분을 본인이 알 수 있기에 민감한 사람이 인격적으로 성숙해진다는 건, 남을 무던하게 만들어 간다는 점이다. 지적하지 않고 발끈하지 않으면서 남을 예민하게 만들지 않고, 둔하고 무던한 사람들에게 '민감하지 않다'고 말하지 않는 사람이 고수라 할 수 있겠다.

　예민함이 명민함으로 성숙하려면 눈물 몇 바가지를 더 쏟아내야 할까. 그냥 방전되거나 지치지 말아야겠다. 하늘이 주신 이 예민함을 잘 데리고 잘 다루며 살다보면 재능이 피어오르는 날 오겠지.

2화
노화도 아름답다

흰머리가 쉬지 않고 올라온다. 그닥 자신은 없지만 흰머리를 다른 색으로 물들이지 않고 살아볼까도 싶었는데 남편은 내가 흰머리여도 아무 상관없다는 엄청난 말을 아무렇지도 않게 한다. 진심인 거 같아서 가볍게 들리지도 않는다. 내 아름다움은 어디서 오는지 이론상으론 알기에 예전에도 했던 고민을 또 다시 한다. 24년 전 대덕교회에서 백발의 이중삼 목사님을 처음 뵈었을 때 젊으셨던 목사님이 왜 백발을 선택하셨는지 두고두고 생각해본 적이 있었다.

　나도 일 년에 한 번씩 염색을 할까 말까 고민할 때마다 내가 언제까지 이런 거 고민을 해야 하나 싶어서, 몇 년간 멋진 그레이로 살다보면 또 몇 년 뒤면 흰 물결로 넘실거리는 나와 만나야겠다는 다짐도 했다. 그냥 맘먹은 대로 백발마녀로 살아야겠다 싶다가도 내 흰머리에 마음 아파할 분들

생각하면 흰머리는 아직은 아닌 것 같고, 이러지도 저러지도 못하고 있다. 그러다 일 년 만에 미장원엘 가서 흑발의 나로 탈바꿈하면 기분이 또 그렇게 좋아질 수가 없다.

흰머리가 많아져도 여전히 흔들리는 게 당연한 거니까 여지껏 살면서 내세운 표어나 모토 같은 것들을 철회하고 싶다는 생각도 든다. 지킬 수 없다는 걸 깨닫게 되어서가 아니라 그건 내세운다고 내 것이 되는 게 아니고, 자본주의에 살면서 감당하기 쉽지도 않고, 내 스스로를 억압하는 도구로 쓰이는 걸 원치 않기 때문이었다. 뭘 하겠다고 내세우기보다 그저 그리 사는 것이 낫겠지.

40대 후반에 들어가니 맘먹으면 후회에서 벗어나기도 하고 맘먹으면 조급에서 벗어나기도 한다. 나에게도 여유가 좀 생긴다면, 그 맘먹는 걸 더 자주 먹으면 가능하겠지. 그 마음 자주 먹을 수밖에 없는 건 아이들이 집 떠나가는 나이에 접어드니 가능해지는 것 같다. 아이들이 교대로 집에 온다. 가는 자식 있으면 오는 자식 있으니 늘 아이가 한 명 쯤은 집에 있다. 자식은 이래서 많이 키울수록 좋은 건가 싶다. 지금이야 준독립 상태지만, 아이들이 완전 독립을 하게 될 때 아이들을 자주 보지 못하게 되더라도 아이들이 언제든 찾아와 푹 쉴 수 있는 자리로, 그런 품이 된다면 더할 나위 없겠다.

중년을 더 잘 살아보려고 이것저것 빠르게 검색하기보다는, 느리게 사색하면서 사는 방향으로 바꾸는 중이다. 또 창의적인 아름다움을 빨아들이기 위해 내가 좋아하는 것뿐 아니라 귀찮고 하기 싫은 것도 하나씩 해보는 중이다. 뭐든 조급하게 하기 보다 차근차근 밟기 위해, 존중하며 버티기 위해 나와 주변을 단조롭게 정리하고 있다. 정상을 향해 숨가쁘게 올라가야 하는 오르막에만 치우치다 주변 풍경의 아름다움을 놓치는 것 같아서 천천히 둘러보려 하고, 평지를 걸을 때도 둘러볼 게 많다는 걸 더 알아가고 싶어진다.

'젊음만이 아름다움을 대표하지는 않는다.'는 어느 광고 카피처럼, 아름다움은 자랄 수 있으니 나이듦도 아름다움이 될 수 있다고 생각한다. 호기심을 잃지 않고 늘 배우고 도전받고 궁금해 하는 나이듦이라면 노화도 진화되는 영역이라고 믿고 싶다. 내면의 내실이 턱없이 부족하다는 걸 나이 들수록 알게 되어서, 어떤 것으로 내면이 채워져야 할지 소명 찾기처럼 사색해보고 행동하려고 노력하고 있다. 나는 능력도 실력도 성실성도 학벌도 건강도 부족해서 무얼 시작하려해도 꼭 두려움이 있는데, 내면을 채워가며 나이 들어가면 두려움도 극복될 거라 믿고 싶다.

거들먹거리지 않고 호들갑 떨지 않고 징징거리지 않고 되도록 소탈하게 살아서 궁극에는 겸손하게 늙어가고 싶다. 나는 늘 나만 극복하면 될 것 같다. 어르신들 말씀이 나이가 들면 저절로 알아지는 것들이 있다던데, 이해 못했던 게 갑자기 막 이해되고 그러는 건가? 그런 걸 구력이라고 하나? 아직 잘 모르겠다.

오스카 여우조연상을 받은 배우 윤여정 그녀가 했던 말처럼 하루아침에 뭔가가 이루어진다는 건 믿지 않는 편이다. 그녀의 흰머리와 주름살을 보며 더 진정성을 느낀다. 온갖 차별, 루머와 비방과 오해를 받으며 이혼 후 자식들 벌어 먹이며 힘든 줄도 모르게 바쁘게 살았던 그녀에게 최대 보상은 일들이 찾아오는 것밖엔 없었다고 했다. 그녀가 직언을 쉽게쉽게 말하는 것 같아도 50년간 매일을 성실하게 작업 현장에서 일해 온 사람이기에 그 말들은 그냥 목구멍에서 나온 말들로 들리지 않는다. 존경스럽다기보다 그녀를 가장 잘 아는 사람이 그녀여서 그 매력이 쌓여 폭발하고 있다고 보인다. 매일의 성실한 노력이 얼마나 사람을 다듬고 영글게 하고 그 사람을 기대하게 만드는지! 그녀에게 도회적인 섹시함이 있다면 그건 꾸준함에서 출발하는 것 같다. 50년간 그녀만의 다작 속에 그녀의 꾸준함의 섹시미가 담겨 있다.

아름다움은 노화와 함께 자란다는 것을 그리고 가장 윤여정스러운 것이 가장 세계적인 것임을 삶으로 보여주어서, 그녀와 동시대를 살아가는 '윤'라인으로서 그녀에게 감사하다. 윤여정은 윤여정스럽게, 나는 나답게 누구나 자기답게 나이 들어가는 게 자연스럽겠지. 나다운 것이 무엇으로 자리매김 될 수 있을까. 모르니 일단 성실하게 사는 것부터 해야겠다. 그러다보면 나의 노화도 나답게 아름답게 자라나겠지.

3화
누구 말이 더 잘 들릴까

'엄마 말을 잘 들으면 없던 떡이 생기고, 엄마 말을 안 들으면 있던 떡도 없어진다.' 이 찰떡같은 멘션은 우리 집에서는 나름 역사와 전통이 있는 국룰이었다. 이 진리에 반기를 드는 자의 칭찬스티커에는 포도알갱이 떨어져나가는 피바람이 휘몰아쳐졌다. 후두둑 후두둑 알갱이 떨어지는 소리. 다행히(?) 아이들은 그 피바람을 두려워했다. 어린아이들이 상 받자고 매달리는 이유는 원하는 걸 얻어낼 수 있는 유일한 통로였기 때문이다. 아이들에게 포도를 채워나가는 기쁨은 막강했다. 상이 좋은 아이템 이었으니까. 칭찬과 사탕, 돈, 레고, 게임시간 10분 늘리기 등등등. (지금 보면 별 거 아닌데, 우리 집에선 그 아이템이 그런 존재였다.) 난 아이들에게 기쁨을 더 주고 싶어서 그 기쁨 위에 나의 옳음을 끼워 넣었다. 칭찬스티커의 본래 취지는 분명 '혼자서도 잘 해요'로 시작되었으나 '엄마 말이 옳으니 잘 들어야 해'로 변질되어 갔다. 아이들은 포도알갱이를 채우기 위해 내 말에 굴종까지 하는 모습을 보이기 시작했다. 아이들은 사탕이 너무 먹고 싶었으니까. 다른 친구들 집에는 언제나 어디서나 먹을 수 있는 게 사탕이었는데. 아이들이 과잉적으로 몰아서 충성을 해올 때는 이건 아니지 싶었는데… 사람이 권력의 맛을 맛보게 되면 나만 더 옳다고 여기게 되니 고작 포도알갱이 스티커를 휘두르며 아이들 위에 군림했다. 부모는 "이게 나 좋자고 이러는 거니? 다 너 네들 훌륭한 사람 되라고 이러는 거 아니니"라고 하면서 말이다.

그러다 아이들이 점점 서서히 내 품에 들어오지 않았다. 안기지도 않고 놀려고 하지도 않았다. 심지어 내가 아침에 잠에서 깨면 더 자라고 했다. 엄마를 피해서 살겠다는 본능적 의지랄까? 친구들 사는 모습에 눈이 뜨이니 아이들도 '우리 집이 너무 하구나' 현타가 오기 시작한 거다. 먹고 싶은 것도 맘대로 못 먹고 일거수일투족 모든 걸 엄마가 결정해서 지키라고 했으니까.

성경도 잘 읽어서 교회에서 매달 꼬박꼬박 상을 받아오고, 암송도 앵무새처럼 잘 해내서 날 안 닮아 천재로구나 싶었는데. 공부는 좀 못해도 아이마다 악기도 하나씩 해내고 있어서 멋들어진 관현악 트리오로 키워낼 부푼 꿈은 포도알갱이를 휘두를 때는 영원할 것 같았지만, 그것도 잠시, 아이들은 빼싹 빼싹 말라가기만 했고 여기저기서 다른 집 엄마들 통신원이 들려주는 '너네집 아이들이 밖에서 불량식품을 먹고 있다는 소식'을 들으며, 엄마 빌런의 인생도 호락호락하지 않다는 걸 받아들여야 했다. 아이들과 잘 지낸다고 생각했는데 아이들은 각자 숨통 트이는 안전지대에서 각자의 사생활이 시작되었다. 더 이상 아이들에게 포도알갱이의 권력은 먹혀들지 않았고 알갱이 채우는 재미도, 혼자하는 습관 훈련도 수포로 돌아가는 순간이었다. 아이들은 세상을 보는 자기만의 창이 생기기 시작했고 상황을 객관적으로 알아차리기 시작했다. 그때 아이들이 받은 현타로는 엄마한테 안기지 않은 게 당연한 반응이었다.

"오빠는 좋겠다. 애들을 잠깐씩 만나도 애들이 나보다 오빠를 더 좋아하잖아. 난 이 저질 체력에 종일 노력봉사해도 애들이 나랑 노는 게 재밌는 거 같지가 않아. 어쩔 땐 날 피해 다니는 거 같아. 이런 된장. 이게 뭐람."

어릴 때부터 다른 강점들보다 공부가 제일 쉬웠던 남편은 나이는 숫자에 불과하다는 것을 입증이라도 하듯 젊은 학생들과 섞여서도 밀리는 거 없이 고학력자가 되었다. 그 덕분에 잘 배운 것 남 주느라 늘 일이 많아 바쁠 수밖에 없었는데, 아이들과 함께 지내는 시간이 월등히 많은 나보다 아이들과 잘 지내는 게 참 좋아보였다. 부럽기도 했고 신기하기도 했다.

"넌 아이들과 오래 붙어있다 보니 악역을 맡게 되었고, 난 아이들과 짧게 만나다보니 선한 역을 맡게 된 것 뿐이야."

남편이 말로는 이렇게 날 위로해주어도 이렇게 벌어진 격차가 이해되지 않았고 열심히 엄마노릇하며 살고 있는 이 마음을 아이들이 몰라준다는 사실이 억울했다. '내가 뭘 또 그리 잘못했다고. 다 너희들 잘되라고 그러는 건데.' 나는 아이들에게 엄마 말에 순종하기를 늘 요구하면서 동시에 엄마를 사랑해달라고 구걸하는 입장이었으니 아이들이 느끼기에는 엄마는 확실하게 '내편'이 아니었을 테고, 아빠는 아이들 입장에서 감정을 받아주는 아빠였으니 확실한 '자기편'이었던 거다. 아빠는 아이들이 원할 때 곁에 없어도 감정적으로 안심이 되고 도움을 주는 존재였고, 엄마는 자기들 곁에 있어도 언제든 흠 잡힐 수 있고 비판받을 수 있는 존재였다.

내 눈에 틀려 보인다고, 내 기준에 못 미치기에 너희들은 틀렸다고 말하는 것밖에 할 줄 아는 게 없던 나는 아이를 내 편으로 만들지 못한다는 사실을 알 턱이 없었다. 그저 아이들이 나보다 아빠를 더 좋아한다는 그 딱한 처지를 인정하는 수밖에 없었다. 누구 말을 듣기를 좋아하는지 객관적으로 바라보고 처절하게 나의 필패를 인정하는 용기가 필요했다. 아이들의 정직한 응징(?)만이 문제풀이집의 유일한 답안지가 되어주었다.

아이들과 좋은 관계를 쌓아가고 맺어가고 싶다면, 옳은 말만 쏟아내는 피도 눈물도 없는 똑똑한 어른으로 살기를 포기하면 된다. 아이들이 감정을 드러낼 때 그게 어른인 내 마음에 들지도 않고 이해가 안 되도 아이들의 감정을 무시하지만 않아도, 그 감정에 꼭 토를 달고 평가만 하지 않아도 아이들은 존중받는다는 느낌을 충분히 받는 것 같았다. 아이들이 좋아하는 사람으로 살기만 잘 해도 아이들은 알아서들 잘 자라는 것 같았다.

아이의 태도를 내 손으로 고쳐주고 싶어 안달인 부모의 심정 너무 잘 안다. 나도 그랬으니까. 육아전문가 오은영 선생님의 말처럼 '지적질과 잔소리로 비판받으며 자란 아이는 남 흠집 내기 달인으로' 크기도 하던데, 난 아이들이 날 닮아서 그렇게 크는 걸 상상도 하고 싶지 않았다. 아이들을 위해서라도 비판과 지적질을 중단해야 했고 아이들이 좋아하는 엄마가 되기 위해 내 자신의 상처를 돌보고 치유해야 했다. 아이들처럼 생활 속에서 다 흡수해내며 배우는 존재가 또 있을까 싶은데, 아이들에게 부정적인 꼬리표를 달아주게 될 것 같아서 아이를 내 손으로 고치고야 말겠다는 내

고집을 꺾을 수밖에 없었다. 아이가 존중받는다는 느낌은 지적과 잔소리보다 아이를 더 세워 주리라 믿기 시작했고, 아이들에게 엄마 말에 순종하라고, 엄마를 사랑해달라고 구걸하지도 않게 되었다. 나에겐 아이의 감정과 생각이 더 중요해졌으니까.

아이들은 이제 커서 다양한 사건들과 사람들로 가득한 세상 속에 내팽겨 쳐져서 자신들과 다른 이들과 섞여서 자신의 색깔대로 살아가는 방법을 배우는 중이다. 나와 남편은 아이들에게 정답을 주지 않는 편이다. 정답을 주지 않기에 아이들이 겪는 결핍의 상황이 아이를 성장시킬 수 있다고 믿게 된 것 같다. 아이들이 문제를 스스로 알아차리는 것도 아이 각자의 몫이라고 여유 있게 바라보는 편이다. 내가 지적과 잔소리, 비판을 중단하지 않았으면, 아이들은 정답 없는 결핍의 현실에서 고민하고 스스로 헤쳐 나갈 기회를 얻지 못했을 것 같다. 이젠 옳은 사람으로 살기보다 그냥 좋아할 수 있는 사람으로 사는 게 좋아진다. 이젠 나도 좀 컸는지 지적질은 상대방의 실수를 기다리는 것 같아서 이젠 하지 않는다. 옳은 사람의 말보다 좋아하는 사람의 말이 더 잘 들리기 마련이니 난 그냥 남들이 좋아할 수 있는 사람으로 살면 만족이다. 사실 이게 제일 어려운 일 아닌가.

4화

눈물의 돼지바

돼지바가 뭐라고. 아이들이 어릴 때 이 돼지바를 엄마 카드로 몰래 사먹고 거짓말 친 게 들통나자 빡친 엄마는 아이를 운동장 열 바퀴를 돌게 했다. 그것도 한여름에. 그러고도 모자라 땀 뻘뻘 흘리고 들어온 아이가 용서를 구하지 않자 '거짓말을 하고도 잘못했다고 인정을 안 하다니, 너가 그러고도 사람이냐!' 비난과 정죄를 그치지 않았고 아이는 돼지바 사건 이후, 엄마에게 마음에 문을 닫았다. 그 후 이런 저런 일들이 있었고 엄마는 과민한 상태를 유지했다. 엄마의 무력(?) 행동이 이어졌다.

이를테면 잘 다니고 있던 교회에서 아이만 데리고 나와 교회를 정할 수 없던 상황이었기에 여기저기로 옮겨 다녔다. 그리곤 교회로 정착하자마자 아이의 분신과도 같았던 강아지를 남의 집에 보내게 되었다. 엄마의 신앙양심(?)을 행동으로 보여야 한다는 (지금 생각해보면 말도 안되는 이유로)

엄마의 곤조에 아이는 약자로 살았다. 아이는 싫다는 말 한마디도, 악다구니도 써보지도 못하고 혼자 울음만 삼키며 살던 시간이 있었다.

아이가 크게 절망하는 걸 보고 엄마는 사과했지만 아이는 겉으로 씩씩한 모습을 보이며 그렇게 속마음을 감춰나가는 게 습관처럼 되어버렸다. 어릴 때 잘 나누던 이런저런 이야기도 사춘기가 밀려오자 잘 나누고 싶어 하지 않았다. 늘 체력이 딸렸던 엄마에겐 그럴 만한 동기와 논리가 충분히 있었다곤 쳐도, 가족 모두와의 긴밀한 나눔이 있었다 하더라도, 아이는 이 모든 걸 받아들일 마음의 준비는 되어 있지 않았던 거다.

아이의 마음을 읽어주지 못한 부모의 서투름만 남는다. 아이의 속도와 어른의 속도가 다른 것이 당연하다는 걸 아이는 우리에게 제공받지 못했고, 아이가 이 모든 걸 받아들이기 버겁고 힘겹고 싫다는 걸 악다구니를 쓰며 충분히 소리를 질러야 할 시간이 필요했다는 미안함만이 남는다.

혼자서 삭혀온 시간에 대해 아이가 말을 꺼낸다. 아이 하는 말을 듣고 있으면 어쩜 이리 왜곡될 수 있을까 싶어서 너무나 웃기기도 하지만(나도 그런 자식이니까) 속마음을 꺼내 보여줄 때 그렇게 고맙다. 아이의 마음의 상태를 확인해주고 읽어주고 충분히 공감하는 것에 있어서 참 서툰 부모여서, 다시금 온 마음을 담아 내밀어 보기도 했다. 아이에겐 '드럽고 치사한 돼지바'요, 엄마에겐 '눈물의 돼지바'다. 신상 '돼지콘'의 등장으로 엄마의 손에 들린 검은 봉다리 속엔 돼지바와 돼지콘이 늘 담긴다.

'누구를 대하든, 그려야 할 스케치북이 아닌 읽어야 할 책으로 보라' 문장은 많은 생각을 하게 한다. 이 말만큼 마음을 낮춰주는 말도 드문 것 같다. 상대방이 스케치북으로 보이는 사람은, 내가 원하는 그림을 상대방의 바운더리로 밀고 들어가 새겨 넣으려고 애쓰는 것을 사랑이라고 착각하게 된다. 내가 아이들을 스케치북으로 대했기에 잘 안다. 이렇게 되면 내 입만 열게 되고 경청할 수 없는 사람이 되고 내 입만 열게 되면 결국 나만 안쓰러운 사람이 된다. 잔소리만이 유일한 수단이었기 때문이다.

누구를 대하든 '읽어야 할 책'으로 볼 수 있다는 건 겸손한 척 하는 사람에겐 불가능한 것 같고, 자존감이 있는 사람이어야만 가능한 것 같다. 겸손도 결국 자존감이 있는 사람만이 낼 수 있는 자연스러움이던데, 실제로 겸손하지 않은데 겸손한 척 하는 사람의 부자연스러움이 감춰지지 않을 때는 민망하다.

살아보면 실제로 겸손한 사람은 타인에게 따뜻한 영감을 준다. 그런 사람과는 한마디만 나누어도 나도 그런 사람이 되고 싶다는 의지를 불러일으킨다. 누구든 '읽어야 할 책'으로 대하려면 상대방을 교정의 대상으로 보기보다 언제나 성찰의 화살은 나에게로만 향해야만 될 것 같다. 정말 쉽지 않은 길이다. 나에게 '읽어야 할 책'이라니. 성질은 급한데 세상천지 모두가 '내가 그려야 할 스케치북'으로 보이는 나 같은 오지라퍼 크레용에게는 읽어야 할 책을 써나가시는 주님 앞에 오늘도 엎드리는데 성공하기를 바랄 뿐이다.

5화
다르게 살아보기

내가 아이들에게 바랐던 것은 아이들 20살 후에 독립했으면 하는 거였다. 요즘 아이들은 어릴 때부터 부모의 소득보다 풍족하게 크고 있기 때문에 아이들에게 줄 수 있는 유일한 결핍은 21세에 독립하는 것밖엔 없다고 생각했었는데 결과적으론 성공하지 못했다. 아이들은 정서적으로 경제적으로 (준)독립 상태로 우리와 떨어져서 혹은 어쩔 땐 붙어서 살고 있다. 막상 아이들이 크니 잘 떨어뜨리는 게 같이 사는 것보다 훨씬 어렵다는 걸 배워가는 중이다. 그러면서 동시에 아이들이 우리 맘대로 크지 않는 건 당연한 거라 여기게 되는 것 같다. 자식농사 방향을 결정해야 하는 시기를 자주 겪을수록 부모의 바람은 점점 단순해졌다.

아이들 저마다 가진 자기다움으로 자기답게 살기만 한다면 뭘 더 바라겠나 싶은 요즘, 요즘 시대의 효자는 '하고 싶은 게 있는 자식'이라고 한다. 사실 그게 가장 어려운 일 아닌가. 부모인 우리가 나답게 사는 근성을 갖는 게 사실 더 중요했던 것 같다. 난 미래를 예측할 수 있는 사람도 아니고 아이들을 아주 잘 안다고 자부할 수 있는 사람도 아니었는데 사실 내가 미래를 예측 못하는 존재이고, 아이들에 대해 모르는 부분이 있다는 걸 인정하는 게 어려웠다.

자식을 부모보다 더 윤택하게 살게 하기 위해 부모의 모든 걸 자식에게 투자하는 것이 헌신적인 좋은 부모라는 관념과 관례가 우리 사회엔 뿌리 깊게 자리잡아왔다. 자식 교육엔 투자가 폭격적으로 이루어지는 우리 사회를 보면서 난 어찌해야 하나 생각을 많이 했다. 자식 교육에 전폭적인 투자를 하는 많은 가정들을 보면, 투자를 많이 할수록 성과에 대한 집착이 강해져서 아이가 자발적으로 뭔가 도전하고 실패해보고 넘어지고 다시 일어서는 그 시간을 견딜 근성이 자랄 틈이 없어 보였다. 그 근성을 키워주자고 우린 아이들에게 21살 독립을 계획했던 건 아니지만 아이에게 오직 경쟁에서 앞서가는 방법을 가르치기 위해 투자하는 건 원치 않았다. 아이들이 우리보다 윤택하게 살면 좋겠지만 그걸 이루기 위해 부모인 우리의 삶 전체가 담보가 되는 것도 원치 않았기에 아이들에게 대놓고 말했다.

"우리가 가진 것도 없지만 너네한테 탈탈 다 주고 가난한 노인 독거부부로 살기 싫단다. 너네들도 그런 그림을 원하는 건 아닐 테니 알아서들 열심히 잘 살아."

이 말을 애들 초딩 때부터 해주었다. 이해하든 못하든.

경쟁에서 이겨 남보다 쭉쭉 앞서나가는 것을 바라기보다, 우리보다 윤택하게 살길 바라기보다, 아이가 먼저 여러 경험을 통해 자신을 발견해 나가는 게 더 가치 있다고 여겼고 성장 속도보다 방향성이 중요하다 여겼다. 우리보다 윤택하게 살지 못하더라도 아이가 성인이 되어 자기다운 특별함을 지니고 책임감 있게 산다면 부모로서 박수쳐 줄 일이니까. 지금은 육아 분위기가 좀 바뀌어가고 있지만 20여년 전만해도 이런 엄마는 흔치 않았고 극소수였고 꼴통 취급을 받았다.

아이가 일단 스스로 방향을 잡으면 탐색하고 경험하고 성장하는 속도가 늦더라도 사교육과 선행교육에 매달 백 만원씩 쓰지 않더라도 불안하지 않을 것 같았다. 아이들이 방향을 잡아나간다는 건 생각보다 긴 시간이 걸리는 작업이었고 사실 지금도 방향은 바뀌기도 하면서 크고 있는데, 아이들은 아빠 엄마가 채근하지 않으니 아이 각자 스타일대로 24시간을 경영했다. 말이 좋아 경영이지 죽도 쑤고 빌빌싸고 밤새워 딴 것도 하고 멍도 때리면서 어쩔 땐 작은 목표를 세워 해내기도 하며 불안과 성취, 쫓김과 여유를 번갈아 맛보는 듯해 보이길래, 아이들한테, 대학을 가고 안 가고는 중요하지 않으니 하고 싶은 걸 하며 초, 중, 고등학교 공부를 해보라고 했다.

방향성에 대해 도와주기 위해, 아이가 자신을 탐색하고 자기가 어떤 사람인지 알 수 있게 도와주는 인큐프로그램을 소개해주었다. 인큐는 제주 세바시 행사 때 인상 깊게 들은 교육개조 프로젝트였는데, 남들이 너도나도 똑같이만 살려고 할 때 남들과 다르게 살 수 있는 시선을 소유하도록 도와주기 충분해보였다. 고등학교 입학하기 전 예비 고등학원에서 하루 종일 앉아 남들 다 하는 선행학습을 하지 않는다고 불안해하면서 아이를 무한경쟁 속으로 몰아넣고 싶지는 않았다. 우리 아이를 남들 다 보내는 학원에 안

보내서 우리만 이래도 되는 건가 싶을 땐 이렇게 마음을 다잡았다.

'뭣에든 뉘에든 배울 수 있어. 그게 꼭 대학이 아니어도 상관없어. 남과 다르게 살아낼 줄 아는 너희들 추진력이 크던 작던 앞으로 너네 인생에 피가 되고 살이 될 거야. 이 엄만 그리 믿어.'

그리고 얼마 지나지 않아 아이가 인큐 1차 모임에 다녀오더니 이런 말을 했다.

"엄마 아빠. 세상은 변해. 미래는 예측할 수 없어. 생각을 바꾸고 다르게 봐야 해. 지식은 누구나 가질 수 있는 시대가 되었지만 감성은 누구나 가질 수 없는 거야."

기절할 뻔 했다. 세상에 나가 새로운 눈을 뜨기 시작한 아이 눈빛이 달라보였다. 세종시에서 서울까지 눈이 와도 비가 와도 몸이 아파도 인큐 모임을 가는 아이는 인생에 다른 맛에 스며들어가기 시작한 거다. 한번은 기차타고 밤 12시 넘어서 도착한 바람에 BRT 끊긴 오송역으로 아들을 데리러 갔다. 인큐 다녀온 아들. 자기 말을 많이 해서 무지 배고프다는 아들이랑 셋이서 야심한 시각에 오붓하게 야외 테라스식당에서 야식을 먹으며 회포를 풀었다. 얘가 자기에 대해 더욱 말이 많아지더니, 세상은 질문하는 자들에 의해 변화된다는 걸 눈치 채기 시작했고 심지어 다른 질문을 할 줄 알아야 한다는 것에 눈을 떴다. 다른 질문을 하며 산다는 거, 그게 인생의 맛은 답을 찾는 게 아니라 질문하며 살아야 그 맛을 볼 수 있다는 새로운 관점으로 이동하기 시작한 게 기뻐서 닭다리를 뜯으며 축복해줬던 기억이 생생하다.

아이도 몰랐던 자신을 남들 눈에 들키는 재미에 빠져들 수 있다는 걸 아이가 처음으로 느낀 듯했다. 특히나 팀원들과 선생님들과 긴 시간 서로를 탐색하며 조언하는 지지자로 있어주면서 서로에게 둘도 없는 애정자가 되어주고 있는 듯했다. 학원 교습비 두 달치로 인큐를 경험했는데 그 가치는 돈으로 환산할 수 없었다. 집과 학교와 교회는 이런 인큐베이팅이 왜 불가능할까 생각하는 건 당연한 수순이었다.

친구들은 학원에서 열심히 공부할 때 아이는 세상에서 다양한 사람들, 인생 선배님들과 자신을 탐색하는 시간을 가져보며 나름의 근성을 키울 기회를 얻었던 거다. 아이나 우리나 그 시간이 좀 통쾌했다. 잠깐이었지만 제도권교육 시스템에 길들여지지 않고 살아보았으니까. 잠깐의 일탈은 좀 더 다르게 볼 수 있는 용기와 재미를 주니까. 아이는 그 후 제도권 시스템 안으로 들어가더니 자기답게 공교육에 안착했다.

요즘 아이들에게 똑똑하다는 말은 솔직히 별로 어울리지 않는 말이 되었다. 어느 시대보다 공부하는 데 시간과 돈을 가장 많이 투자하는데도 그렇다. 똑똑하지 않아서가 아니라 똑똑하지 않은 아이가 없기 때문이기도 하고 남과 다르게 살 수 없도록 길들여져 왔기 때문이기도 한 것 같다. 그게 어디 아이들 잘못인가. 우린 누구를 위해 아이들을 길들이고 있을까? 우리 부모보다 윤택하게 사는 걸 원하기 때문에? 길들여야 부모보다 잘산다는 건 누가 학습시킨 걸까? 이게 다 부모인 우리 체면 지키자고 이러는 건 아닐까? 체면 넌 누구니?

6화

사랑은 갚는 게 아니야

"엄마, 요즘 많이 편찮으시고 응급실 자주 가시는 것 같아서 돈 좀 부쳤어. 많이는 못 보냈어. 미안해요 엄마. 근데 그 돈 어디 딴 데 헌금하는데 안 쓰셨음 좋겠어. 부탁드려요 엄마, 내 마음 알지? 사랑해 엄마."

이런 문자를 엄마에게 드리고는 마음이 너무 불편했다. 믿음과 사랑보다 불신과 조언만이 전달되는 결과를 낳을까봐 노심초사해서 더 그랬다.

> 형, 백만원 부쳤어.
> 내가 열심히 일해서 번 돈이야.
> 나쁜 데 써도 돼.
> 형은 우리나라 최고의 시인이잖아.   — 이문재 〈문자메시지〉

그러고는 이 시를 보게 되었다. 이 시를 읽으며 내가 가진 사랑이라는 게 얼마나 하찮은지가 보였다. 거들먹거리며 살고 싶지 않았는데 엄마한테도 위력이라는 걸 발휘하고야 마는 내 조급함 앞에 내가 가진 사랑이 어찌나 초라해 보이던지…. 누군가 고수가 남긴 '최고의 사랑은 조언하지 않는 것이다'라는 그 최고의 명언을 나 같은 중수, 아니 하수가 체득하기란 쉽지 않은 것 같다. 엄마는 이런 내게 아무 말도 하지 않고 꾹꾹 참아주고 아무 일도 없다는 듯 나를 여전히 사랑으로 대해주신다. 엄마의 삶이야말로 최고의 사랑은 조언하지 않는다는 저 명언과 가깝게 느껴진다.

아이들을 키우면서 문득문득 난 가끔 아이들이 부럽기도 했는데 그 이유는 다른 게 아니라 이런 뉘앙스에서 그랬다.

"너넨 좋겠다. 존재만으로 귀하게 대접받아서. 늘 뭔가를 잘 해내야 사랑받을 자격이 있다는 부담을 받지 않고 자라서. '받은 사랑 고마운 줄 알아야지'라고 고마워하길 강요받지 않아서. 받은 사랑 갚아야 된다는 부담감도 없어서."

그랬던 내 마음은 진심이었다. 존재만으로 귀하게 대접받지 못하며 커온 결핍의 마음에서 시작된 건 사실이지만, 그 부분을 아이들에게 전수하고 싶지 않았기 때문에 아이들에게는 무조건 주는 내 자신이길 원했다. 원했다고 잘 해온 건 아니지만 지금 생각해보면 내 안에 채워져야 하는 사랑의 주머니는 꽤 크고 넓었던 것 같다. 그래서 결핍감과 허기에 민감하게 반응해왔을 수도 있다. 부모님은 부모님이 주실 수 있는 사랑을 분명 주셨는데 난 내가 받길 원하는 사랑의 덕목이 따로 있었으니, 사랑은 받는 사람이 사랑으로 받아들여야 효력 있는 테마이기도 하니, 자식이자 동시에 부모로 살아온 내 자신도 그 부분에서 자신만만할 수는 없다. 아이들은 내

163
•

가 주는 사랑을 사랑으로 받았을까? 한 가지 믿고 의지할 건 사랑은 진심이 반드시 통하게 되어 있으니 내가 부모님의 사랑을 받고 자라온 걸 믿어 의심치 않는 것과 마찬가지로 우리 아이들 안의 사랑주머니에 사랑을 넣어주었을 거라 믿는다.

난 아이들에게 사랑의 수고를 했다고 생각하지 않는다. 부모니까 당연히 아이들을 사랑했고 나 같이 심신미약한 병약했던 사람이 아이들을 셋이나 키우며 사랑할 수 있는 시간들을 선물 받았다는 건 감사할 따름이다. 그래서 아이들이 클수록 사랑의 대가를 바라지 않는 게 점점 자연스러워지는 것 같다. 단지 아이들이 부러울 때가 있었다는 게 나의 과거 심리상태가 어떤 건지 말해주는 것뿐이다. 내가 누리지 못한 걸 누리는 아이들이 부러웠지만 동시에 내가 못 누린 걸 아이들이 누리며 사는 모습을 본다는 건 대리만족이었고, 큰 기쁨과 감사이기도 했다. 다른 누구가 아닌 나를 통해 흐르는 사랑이었고, 악순환의 반복을 내 대에서 끊고자 노력해왔던 것에 대한 열매와도 같았으니까. 이건 사실 내 안에 계신 그리스도가 전적으로 그렇게 하셨다는 것을 가족 모두가 안다.

이제 나에게 남은 인생의 과제 중 하나는 아이들에게 해주었듯 부모님께도 존재만으로 귀하다는 사랑의 메시지를 좀 더 자주 드리는 것이다. 우리 아이들은 자식이니까 그냥 좋아하고 사랑하는데 부모님도 아빠 엄마니까 그냥 좋아하고 사랑하고 있다는 마음을 어떻게 하면 전달할 수 있을지가 관건이다. 사랑고백을 자식이 먼저 못할 이유는 없는 건데 그간 내겐 이게 왜 자연스럽게 물 흐르듯 되지 못했을까? 아이들을 사랑하는 데는 예전보다 덜 에너지를 들여도 되는 것 같은데, 부모님들을 사랑하는 데는 예전보다 더 에너지를 들여도 될까 말까한 느낌이다. 이래서 사랑의 속성 중 내리사랑이 더 강력한 정체성으로 있는 것 같다. 나중에 아이들도 자기 아이들을 부모인 나보다 더 사랑하는 것을 당연하게 받아들일 줄 아는 엄마로 무럭무럭 커나가야겠다.

아이들을 키운 시간 동안 피 땀 눈물 흘린 건 맞지만, 태어나서 이렇게 열심히 해본 게 육아밖에 없는 것도 사실이지만, 육아가 힘든 현실인 거 맞았지만, 내 인생 전체에서 아이들의 존재는, 한 사람의 부모로서 나를 살게 하는 힘이 더 셌다는 건 너무 잘 알 것 같다. 아이들이 나에게 이미 준 사랑과 희로애락의 감정에 질곡들은 내 삶을 말도 못하게 풍요롭게 해주었는데, 아이들을 키우지 않았다면 지금의 나도 불가능했을 거다. 난 우리 아이들이 자신을 존재만으로 귀하게 여길 줄 아는 어른으로 자라서 자신의 아이들을 대할 때도 존재만으로 귀하게 여기는 그런 부모로 살아가기를 원한다. 내 평생 살아서 그걸 본다면 내 인생 성공이라 여기게 될 것 같다. 내가 죽고 나서 이루어진다 해도 좋을 것 같다. 아이들 마음속에 내 존재도 살아있을 거라 믿는다. 진정한 사랑은 자신을 성장시킨다.

7화
사랑을 위해 쓰이는 시간

로봇다리 세진이 다리를 인공지능다리로 만들기 위해 연구했던 로봇 과학자 데니스 홍의 재치 넘치는 활약상은 이미 다른 매체에 소개되었다. 〈다큐 공감〉에서도 그 발랄한 연구 과정을 온가족이 모여 재밌게 보았는데 남편 연구소에도 와주셨던 때가 있었다. 시각장애인이 탈 수 있는 자동차를 만들고, 재난 시 인명 구조에 보탬이 될 로봇을 만들어내는 데니스 홍은 늘 남을 도와줄 생각으로 가득 차 있다. 사랑은 그런 거 같다. 내가 남에게 도움을 줄 수 있는 존재로 살아갈 때 그 시간 동안 가장 창의적이 되고 사랑스러워지는 것 같다.

어떤 대상이든 안지 오래 되었건, 처음 알게 되었건 그 대상을 사랑하겠다고 마음먹는 순간 내 안에 창의성이 발현되어간다는 사실은, 예전 교회에서 유년부를 섬기러 처음 갔을 때 선생님들과 아이들과의 일년을 생각해 보며 내 마음 속에 생기는 변화를 보면서도 느꼈던 것 같다.

아이들 어릴 때 '자유'에 대해 말해주는 인상적인 그림책을 읽어주면서 사랑이 뭔지 새로운 눈을 뜬 적 있었다. 그 책 제목이 〈헨리의 자유 상자〉였다. 헨리가 흑인이어서 겪은 불평등한 세상에서 탈출하는 방법은 박스에 담겨 다른 세상으로 던져지는 것밖엔 없었다. 얼마가 흘렀을지도 모르는 긴긴 시간을 배의 박스 안에 숨어서 숨죽이며 지내다가 마침내 새 세상에 도착해서 박스에서 나와 자유를 찾는다. 드라마 〈미스터 션샤인〉의 유진초이가 박스에 담겨 미국 땅에 떨어지는 장면이 떠오른다. 누구에겐 당연한 권리가 누구에겐 처음부터 가질 수 없는 거라면 '박스' 밖에 답이 없었다. 너무 무거운 슬픔의 시대였다. 늘 이런 순간에 울컥하게 되는 건 목숨을 걸고 '박스'에 숨겨주는 사람이 있고, 무사히 도착할 때까지 박스 주변에 사과 한쪽, 쿠키 한쪽 먹을 걸 하나씩 갖다 놓는 사람들이 있고, 보고도 못 본 척 있어도 없는 척 알고도 속아주는 사람들이 많이 있었다. 사랑은 상대방이 자유롭기를 바라는 마음이라는 게 참 따뜻하게 다가왔는데, 그걸 보장해주려면 상대방이 어떤 연약한 처지에 처해있어도 못 본 척해야 할 때 확실하게 못 본 척해주는 것이라는 걸 깨달았다.

병원에서 생활했을 때 식구들끼리 "내가 하트 줄게, 너도 하트 좀 줘."라는 말을 계속 들으며 지냈는데, 하트를 준다는 게 너무 좋게 보여서 '나도 하트 줄게'라는 이 한마디로 나의 스마트폰 게임의 여정에 인트로는 시작되었다. 병원에서의 긴 시간들 동안 난 대요리 문답을 쓰며 정신줄을 놓치 않으려고 버티는데, 식구들끼리는 나만 빼고 이렇게 서로 하트를 주고받으며 더욱 긴밀해졌다. 식구들이 팝 타운으로 쌓아올린 레벨이 너무 높아서 따라잡기가 쉽지 않았지만 나에게도 식구들과 폰 게임을 하기 위해 하트가 필요해졌다는 게 맘에 들기 시작했다. 난 왜 때문인지 폰게임을 극혐했던 사람이었는데 막상 게임의 세계에 빠지니 식구들이 그만 좀 하라고 말릴 지경이었다. 사랑은 나를 부수고 상대방의 세계로 들어가는 것이고, 사랑은 힘의 이동임을 조금 느꼈다고나 할까. 사랑을 줄 때도 내 맘대로 내 식대로 주는 걸 편안해 했었고, 사랑을 받을 때도 내가 사랑이라고 여기는 내 식대로 받길 원했는데 이것이 내가 가진 사랑의 한계였다는 걸 병원에서 알게 되었다. 사랑은 공고한 내 세계를 부수고 상대방의 세계를 노크하고 들어가는 것이기도 했다.

　동정이 사랑인 줄 알았던 때가 있었다. 그런데 점점 동정은 사랑이 아닌 이유를 알아간다. 동정에는 사랑이라는 탈을 쓰고 나의 사적 욕구를 만족시키겠다는 마음이 숨어 있기 때문이다. 동정은 상대방을 도와줌으로써 그가 잘되길 바라는 마음보다 상대방이 내게 고마워하기를 바라는 마음이 더 크게 자리잡고 있는 거다. 동정은 또 다른 자기 연민, 자기 과시가 포함되기에 사랑이라고 볼 수는 없는 것 같다. 난 그런 의미에서 사람들을 사랑하기보다 동정을 더 하기도 잘 하는 내 자신을 보게 되면서, 난 사랑을 아직 잘 모를 수도 있겠다는 생각을 했었다. 지금은 사랑을 하고 있다. 사랑을 주고도 되돌아오는 게 없어도 성내거나 노여워하지 않게 되었다.

　예전 일로 아이에게 사과할 때, 아이의 아픈 마음을 읽지 못하고 공감하지 못한 것이 후회되고 아팠을 때, 아이의 그때 마음을 알아주지 못해서 내 마음도 아프다는 마음을 전했고 아이가 내 마음을 받아준 일이 있었다. 내가 속 좁은 밴댕이 소갈머리이고 쓰레기통 같았고 멍청한 말미잘 같았다 등등의 셀프 비하는 아이와의 관계에서 그닥 소용없었는데, 난 그때 의외의 경험을 한 거였다. 나에게는 사과가 존재 비하, 존재 비난으로 각인되어 있어서 사과가 무엇인지 재대로 알지 못했다. 사과에 대한 모범 답안을 배우지 못했을 수도 있겠고, 어떻게 사과해야 하는지 몰라서 스스로 터득해온 것이 셀프 파괴적 사과였다. 고기도 먹어본 사람이 잘 먹는다고, 사과도 받아본 사람이 잘 할 수 있는 것이었던가. 만약 아이가 나한테 사과할 때 자기존재를 비하하고 자기를 비난하는 말을 한다면 너무 슬플 것 같다. 우리 부모님들도 내 마음 같으시겠지. 내가 부모님께 사과할 때 내 존재를 비난한다면 그것만큼 부모님 마음을 아프게 하는 게 있을까싶다. 암튼 뿌리 깊게 지나치게 내 안에 박혀 있는 사과에 대한 죄책감도 버리고 싶다. 남편과 아이들이 옆에서 도와주고 있는데, 나만 나를 자주 벼랑으로 몰아붙였다. 이 증상을 우리 집 식구들은 '착한 딸 착한 며느리 콤플렉스'라고 부른다. 셀프비난을 거부하고 엄마의 마음을 읽어줄 만큼 감정을 처리하는 데에 힘이 생겨난 우리 아이들 셋에게 고마운 마음이다. 사랑은 상대방이 죄책감을 갖지 않기를 바라는 마음이구나.

이와 달리 상대에 대한 지나친 높은 기대는, 상대방의 현실을 공감하지 않는 증거이고 무시하고 있기에 그럴 수 있는 것 같다. '상대에게 높은 기준을 제시하고 강요하는 것은 자신이 분노하고 있다는 간접적인 표현'이라는 문장을 본 기억이 난다. 이 문장을 보면서 고개가 절로 끄덕였다. 상대의 한계를 무시하는 것은 곧 상대에게 분노하고 있다는 표현이라니! 우리는 사랑이라는 말로 분노를 가리면서 살 수도 있다는 걸 처음으로 생각하게 되었던 것 같다. 사랑은 상대방이 과하게 살지 않기를 바라는 만큼 상대방을 과함으로 몰지 않는 배려있는 행동이라는 것도.

아이들에게 높은 기대는 하지 않아도, 좋은 부모는 되고 싶었다. 이 역시도 내가 내 자신부터 사랑해야 가능했다. 내 자신을 사랑하지 못하면서 아이들을 사랑한다는 건 사랑의 본질과 동떨어질 수 있었던 것 같다. 나를 돌보는 게 제대로 되어 있지 않는데 아이들을 제대로 돌볼 수 있다는 건 사실 불가능한 이치다. 내가 나에게 친절하지 못했으니 아이들에게 과하게 기대하기도 하고 높은 기대를 했었다는 걸 부인할 수가 없다. 결국 부모의 사랑은 부모 자신의 자기치유에서부터 출발해야만 한다. 세상엔 이런 내용의 책들이 그래서 많은 가보다. 사랑이라는 건 나를 돌보지 않으면 아이를 돌볼 수 없는 것과 마찬가지로 나부터 사랑의 힘을 키우지 않으면 다른 사람에게 힘의 원천이 돼줄 수 없다는 건 너무나 명명백백하다. 사랑은 자기 돌봄인 거고, 그 돌봄이 자연스럽게 흐르는 거겠지.

"너네가 한 명씩 주는 기쁨이 참 커. 너네가 집에 없다가 오면 더 그래."

"그치 엄마! 그러니까 서울에 할아버지 할머니 네 분들도 엄마를 보며 그러실꺼야."

이렇게 말해주는 아이들을 보면서 아이들이라는 존재가 주는 격려에 울컥거렸던 때가 있었다. 짜장면 집에서 쟁반 짜장을 먹다가 울 뻔했다. 결혼해서 대전으로 내려와 살면서 양가 부모님이 보고 싶거나 그리워서 서울엘 올라가기도 했지만, 자식된 도리로 의무감과 책임감으로 올라가기도 했었다는 걸 아이들도 모르지 않았다. 그러다 양가부모님 편찮아지시니 그제야 사랑할 수밖에 없는 절박함으로 다가오면서 내가 가진 작디작은 사랑은 두려움을 밀어내는 것 같았다. 내 삶 전체를 관통하며 지나온 것 중 사랑과 저질체력만이 유일했던 만큼 아이들이 건네주는 말들에 용기를 내게 될 때가 있다. 아이들은 때때마다 적절한 말로 엄마인 나를 사랑해준다. 부모로 살아지는 건 시간이 흐를수록 속 시끄럽지 않은데, 자식으로 살아가는 건 시간이 흐를수록 여전히 속이 시끄럽기도 해서 두려움 같은 게 있었는데 사랑은 또 이렇게 미스테리한 것 같다. 사랑은 보여지기도 하지만 부모와 자식 중 누가 얼마나 더 사랑하는지, 누가 더 사랑받는지, 누구의 사랑이 얼마나 깊은지, 누구도 알 수 없는 영역인 것 같다. 그럴지라도 사랑은 속 시끄러울 수밖에 없는 연약한 나 자신을 뛰어넘게도 만들어주기도 하니, 사랑은 단연코 인생 중 가장 좋은 것이다.

8화
사춘기는 고맙다

하나님을 신뢰할 때 할 수 있는 말이라고는 '하나님 저 어떻게 할까요?' 밖엔 없었고, 아이들을 신뢰할 때도 '넌 어떻게 하고 싶어?'라고 묻는 것밖엔 다른 방도가 없었다. '애야 어떻게 할래?'와 '하나님 어떻게 할까요?'는 본질적으로 같은 의미의 말로 들렸다. 하나가 되면 다른 하나는 안될 수 없었다. 그렇기에 나의 상태는 둘 다 안 되고 있거나 아니면 둘 다 하고 있거나였다. 이럴 수밖에 없는 정체성과 싸우면서 부모가 되어 감사하다는 느낌이 들었다.

하나님을, 아이들을, 실망스럽고 슬프고 황망한 일에 맞닥뜨려질 때마다 계속 믿는 것만 할 수밖에 없었으니 말이다. 아이가 스스로 할 수 있다는 믿음을 갖는 여유는 나 같은 초보엄마에게 있을 리 없었다. 아이들이 집에서 부모인 우리를 향해 정면으로든 옆면으로든 부모의 결정을 거부하고 때론 부모의 결정을 비판할 줄 아는 에너지를 내고 있다는 게 자식 키우는 부모로서 축하받을 일이라는 강의를 대덕교회에서 조용훈 목사님께 들었을 때 생각지도 못한 위로를 받았었다. 하나님께나, 아이들을 향해 믿지 못하는 나의 상태는 아이들이 가장 잘 알았다.

아이들은 엄마가 두 존재(하나님과 아이들) 사이에 믿음이 있는지 없는지 귀신같이 눈치를 챈다. 내가 그런 불신과 조급함을 가지고서는 아이들과 좋은 관계를 맺을 수 없다는 걸 사춘기 아이들 덕분에 알게 되었다. 아이들이 사춘기가 아니었으면 내가 부모로서 하나님의 손이 내 손보다 훨씬 믿을만하다는 걸 인정할 수 있었을까?

나보다 아이들을 더 잘 아시고 나보다 아이들을 더 사랑하시는 하나님께로 서서히 내려놓게 되니, 아이들은 내 소유도 내 자랑거리도 대리만족의 도구도 아닌 온전히 하나님이 기르시는 그의 기업임을 인정하게 되는 기회를 얻게 되었다. 부모라도 침범할 수 없는 독립된 인격체로 아이들을 하나님께 모두 맡기는 기도를 드릴 수 밖에 없었다. 아이들에게 내 영향력은 약해져만 갔으니, 사춘기 부모로 살게 하시며 이런 인도하심을 받게 하실지 비로소 몸으로 경험했던 거다. 사춘기 부모로서의 기도는 내가 원하듯 사춘기 아이가 변화되는 것으로 응답되어지기보다 아이 셋이면 셋 다 내가 변화되어질 수밖에 없는 길로 응답하셨다.

때론 내 자존감이 바닥을 치면 아이들을 못 믿고 잔소리 작렬하며 아이들을 쥐 잡듯 잡아도 속이 후련치 않았는데, 내 자존감이 높아지면서 아이들의 있는 모습 그대로를 자연스레 좋아하게 되었다. 아이의 행동에 민감하게 반응하지 않고 초연할 수 있는 힘이 생겨났다. 사춘기 아이들에게 아무리 그럴 듯한 말로 훈계해도 정작 내가 아이들을 믿어주지 않으면 서로를 자연스럽게 좋아하기 어려웠다. 사춘기 아이들을 키운다는 건 팔할이 태도의 문제지, 기술의 어떠함이 아니었던 거다. 아이들을 대하는 태도가 좋지 않은 부모를 아이들은 좋아할 리 없는 게 당연했다. 아이들도 인식하지 못한 사이에 나의 좋지 않은 태도를 배웠을 텐데 아이들 인격형성 과정에서 좋은 태도를 가진 아빠, 학교 선생님들, 교회학교 선생님들, 여러 관계의 좋은 사람들, 친구들, 책들, 예술들 등의 도움과 영향을 받으면서 예전의 나와 똑같이 자라주지 않아서 고맙다.

사춘기 아이들을 키우면서 아이들이 내 사랑을 받아들이지 않는 것 같은 불통감 같은 심정에 나 혼자 머뭇거릴 때도 있었다. 그런 시간이 있었거나 말거나 아이들은 늘 그 자리에서 내 마음을 자신들의 시각에서 쭉쭉 빨아들였던 것 같다. 아이들이 다 맘에 든 건 아니었을 텐데도 엄마니까, 엄마니까 그냥 아이들은 사랑해줬다는 게 느껴진다. 지적질에 능한 애미 밑에서 지적질에 무딘 아이들이 나왔다는 건 아무리 생각해도 불공정거래다. 그것이 은혜다. 사랑보다 지적질을 더 준 것 같아서 지적만 했던 그 시간이 후회스럽다. 그럼에도 아이들이 날 사랑해주던 수많은 시간들 중 몇몇 순간만 들여다보아도 마음이 찡하다. 내가 아이들을 키웠다기보다 아이들과 함께 자랄 기회를 때마다 얻어왔기에 육아는 서로를 살리는 쪽으로 걷게 해주었던 것 같다. 육아는 나도 자랄 수 있게 해주었고 지금도 여전히 그렇다. 아이들과 함께 클 수 있어서 사춘기는 (힘들지만) 고맙다.

9화
실패담

아이들이 내 인생을 빛내주어야 하는 존재인 것으로 대했던 적 있었다. 동시에 아이에게 순종을 가르치겠다고 아이자존감을 짓누르고 짓밟기도 했었는데 지금은 가슴을 치며 후회한다. 순종을 가르치는 게 사랑이라며 안팎으로 당당히 합리화를 했지만 정작 아이에겐 굴종감 밖에 남는 게 없는 것 같았다. 엄마가 준 억압에 눌려 있어서 솔직하게 자기표현을 하기 힘들었던 어렸던 우리 아이들, 엄마에게 전수받은 현실 이질감을 어찌 견뎌왔을지. 엄마 멘탈이 안정적이지 못했으니 아이들이 느낀 시간들이 총천연색은 당연 아니었을텐데, 그러면서도 난 아이들이 마냥 밝게 커주길 바랬다. 그렇게 예민했으면서 또 현실적 자아성찰은 둔했다. 순간마다 최선을 다해 살았다고 생각했는데 또 돌이켜보면 그때가 아이들에게 가장 미안한 시간이었다.

아이를 내 자랑거리로 삼으려다가 옹골차게 나가 떨어졌다. 내가 꽤 괜찮은 사람이라는 근본 없는 확신도 아이들을 키우며 꾸준히 무너졌다. 아이들을 통해 근사한 부모로 보이고 싶은 과시 또한 여지없이 깨져나갔다. 나에게 부모가 되어간다는 것은 '쪽팔림'과의 직면이었다. 사실 그 쪽팔림 그 자체는 견딜 수 있었는데 쪽팔림을 소화시키는 게 어려웠다.

아이를 통해 다듬어질 수 있다는 건 위기이면서 동시에 기회다. 이 기회는 누구에게나 다른 모양으로 찾아온다. 그게 없는 사람은 없는 것 같고. 단지 그 시간을 충실히 아파하며 성찰하며 깎여져 나가기를 자처하느냐 안하느냐는 자신의 선택이다. 인정 안하고 노력 안하고 회피하고 남탓만 하며 평생을 사는 사람도 있으니까.

쪽팔림의 시간을 직면하고 건너오며 내가 아이들을 다독여주었는 줄 알았는데, 나의 패배감을 다독이는 시간이었다는 걸 인정한다. 아이들 마음주머니에 사랑을 부어주는 줄 알았는데, 갈라져 있는 내 마음 저 밑바닥부터 사랑이 적셔지고 있었다는 것도 알아간다. 아이 마음을 돌보는 자체로 내 안에 스며들고 다시 밖으로 흘러감을 보게 된다. 이렇게 서로 스며들며 기댈 수 있는 존재들이 다름 아닌 아이들이 있어 오늘까지 어른으로 커왔다. 아이들이 없었다면 지금의 나는 없다. 아이들에게 고맙다.

아이들을 내 자랑거리로 삼지 않으려 한다. 아이들이 부모인 우리를 자랑스러워 해주길 바랄 때도 있었는데 그것도 아랫배에 힘 딱 주며 내려놓았다. 평생 육아의 백미는 쪽팔림을 묻고 더블로 가는 거라, 각자 자기 자리에서 책임감 있게 잘 살아내주기만 하면 사실 더 바랄 게 없어졌다. 내가 내 자리에서 반짝거리게 살면 서로에게 반짝거리게 스며들 거니까. 그래주면 고맙고 안 그래주어도 괜찮고. 조금씩 더 살아갈수록 평생 육아는, 평생 수양보다 '평생 자유'라는 의미를 알아가는 과정일지도 모르겠다. 자유하는 그 과정에서 쪽팔림을 견뎌야 해도 그래도 건너가 볼만하다고 말하고 싶어졌다. 아이 키우길 잘했다. 내가 크니까. 쪽팔림은 잠깐이지만 최대수혜자는 나다. 확실하게 쪽팔리고 확실하게 자유로워지기로 하자.

"내가 무얼 잘못했는지도 모르겠는데 왜 이런 안 좋은 일을 겪는지 알 수가 없어요. 내가 무얼 잘 한 것도 없는데 이런 좋은 일을 겪는지 알 수가 없어요." 주님 앞에서와 동일하게 사람 앞에서 나를 돌아보는 것에 집중할 수 있다면 복 받은 것이다.

요즘은 나이 들며 성공담엔 점점 무관심해진다. 실패담을 담담하게 진실하게 말하는 사람을 보는 게 더 좋아졌다. 실패나 패배로 느껴지는 경험들은 우리들을 좀 더 자유롭게 해주는 것 같으니 말이다. 성공은 인생에서 소중한 경험이고 꼭 필요하지만 삶을 깊이 있게 누리게 하지는 못하는 것 같다. 사람 사는 게 다 거기서 거기인데 실수와 실패로 (공짜는 아니고) 댓가를 치룬 것들은 우리 인생에 보약 아닌 게 없는 것 같다. 실패의 경험으로 사람들에게 이기려고만 하지 않고 질 준비도 되어 있는 사람은, 앞이 안 보이는 답답한 상황일 때 담담하게 자기 자신을 오래 기다릴 수도 있겠지.

10화
추억이면 돼

우리 아이들이 가진 강점 중 하나가 교회에서 '올해 많이 바뀐 아이'라는 소리를 매해 들으며 커왔다는 사실이다. 그런 감사한 코멘트를 들을 때마다 한편으론 그럼 저번 해에는 어땠나 싶지만 아이들에게, 우리에게 올해보다 좋아질 내년이 있으니 정말 다행이라고 정리하곤 했다.

"엄마는 엄마생각만 옳다고 생각하잖아. 남에 말은 안 듣잖아. 그러니까 엄마는 했던 말을 계속 또 하지. 남이 무슨 말을 해도 그 사람 말을 인정을 잘 안 해. 겉으론 듣는 것 같아도 엄만 안 들어. 그러니 엄마는 엄마 마음대로 살지. 친구도 잘 없고. 다른 사람이 무슨 말을 하면 옳고 그르고 말고, 그 사람 마음을 헤아려봐. 그리고 반드시 양쪽 말을 다 들어야해 특히 엄마는."

이런 말을 들으며 나도 올해 가장 많이 바뀐 사람이 되고 싶어서 아이들 말을 듣고, 옳고 그름을 따지기보다 경청하고 마음을 헤아리기 시작했다. 우리 아이들은 사춘기 때 자기 말과 자기감정 표현을 안 한 게 아니었다. 아이들은 자기 자리에서 목소리를 내왔는데 아이들 마음을 알아들을 마음의 귀가 준비되지 못해서 아이들 마음을 헤아리지를 못했던 거다. 아이들 셋 모두에게 항상 내가 더 참았다고 생각했는데 그게 아니라 아이들도 엄마아빠를 참아주고 노력해왔다는 게 시간이 지나니 보인다. 그때는 왜 다 몰랐을까.

아이가 자기감정을 확 뒤집어서 보여줬을 때가 있었다. 사춘기 때여서 아이가 자신을 드러낼 땐 정신 줄을 놓게 되기 마련이라 내 감정도 좋을 리야 없었지만, 아이 감정에 감정으로 대하지 않고 이성으로 대하는 쾌거를 건질 때도 있었다. 그러고 나면 아이가 날 대하는 게 조금 더 살가워지는 게 고맙고 신기하기까지 했다. 감정에 감정으로 대하지 않고 이성으로 대할 때 아들들은 자기감정을 인정받았다고 여기는구나 외워야했다. 여자들은 감정 앞에 감정으로 대해줘야 공감받았다고 느끼는데 '아들은 어렵군'이라기보다 '나와 다르군'이라고 정리되는 경험이었다.

우리 아이들 중 한 아이는 "나 어릴 때 엄마 피해 다녔는데."라는 고백을 해온 적 있었다. 들을 줄 알았던 말이었다고 해도 난 밤잠 못자면서 이불킥을 스무 번 정도 갈기다가 잠을 자야겠기에 '이제라도 좋은 어른이 되어야겠다.'는 다짐을 다시 했다. 아이가 셋이나 되어도 한 아이도 날 좋아하는 않은 채, 나에게 자식된 의무만 하는 아이가 셋 다일수도 있으니까. 아니 자식된 의무라도 해주는 것이 고마운 것이니 이젠 나이드니 내려놓게도 되지만, 그런 거 상관없이 난 내가 봐도 좋은 어른이었으면 좋겠다.

우리 아이 중 어떤 아이는 자기표현에 능해지니 두 눈 똥그랗게 뜨고 사과를 요구해왔다.

"엄마가 나 어릴 때 치킨 2개, 피자 한 조각만 먹으라고 했던 거 알아? 오빠한테는 안 그랬으면서! 엄마가 어떻게 자식한테 그럴 수 있어? 사과했으면 좋겠어. 물론 그 뒤로 엄마가 암말 안하는 바람에 먹고 좀 부었었지. 음하하하 암튼 사과해주면 좋겠어."

"내가 정말 그랬다고? 기억이 1도 안 나는데."

역시 부모는 난감할 땐 기억상실증의 핑계를 대는 것이 필살기이고, 자식은 어리든 다 컸든 부모가 못해준 것만 기억하는 존재다. 나도 우리 부모님께 그런 자식이니까 울 애들이 나한테 그러해도 퉁칠 수 있는 거 아닌가. 암튼 아이에게 즉각 사과를 했고 1인 1닭을 안겨주었다. 하지만 다 먹을 줄 알았더니 치킨 딱 세 조각 먹고 배불러서 끝이다. 하고 싶은 말 하면서 사는 게 안 먹어도 배부르게 해주는 효과가 있는 게 분명 있는 건가.

치킨 세 조각 먹으면 배불러서 더 못 먹게 된 아이와, 솜 넣어서 바느질 같이 하자고 약속을 했던 게 벌써 몇 년 전 일이었다. 난 일한다는 핑계로 새까맣게 잊고 있었고 아이는 아직까지 사랑스러운 소녀 패브릭을 간직하고 있었다. 난 이런 내 몹쓸 기억력이 놀랍다기보다 이런 내 자신이 원망스러웠다. 아이가 이 패브릭을 볼 때마다 나한테 배울 게 없었겠구나 생각하니 자괴감이 밀려왔다. 약속을 잊고 안 지키는 엄마로 자리매김이 되어가다 보면 아이들은 나에 대해 어떤 추억이 쌓여가고 있을지, 심장이 좀 서늘해지기도 한다. 아이에게 여전히 사과하는 엄마의 자세를 유지하며 나의 필살기, 냉장고 문을 열어 잘 할 수 있는 것에 마음을 담아 아이에게 내밀며 퉁쳐 보기로 했다. 미안한 게 생각날 때마다 창의적 요리로 나만의 애정을 담는 게 점점 습관이 되었다. 그게 아이들한테 미안한 마음을 요리에 담다 보니 더 그런 습관이 강화되어 온 거다. 요리를 꼭 좋아해서만은 아니고 아이들에겐 내 마음을 먹고 소화시켜내는 걸 보고 나서야 소통하고 있다는 안도감을 일방적으로 느껴온 것 같다.

아이들은 어려도 크면서도 어떤 어른이 좋은 어른인지 누구보다 잘 아는 존재라서 아이들이 무서웠다. 어른이 가장 안쓰러워 보일 때는 자기 입으로 자기의 훌륭함을 떠들 때 아니던가. 그 어른의 심정은 내 심정이기도 하기에 심정적으로 이해는 되지만 좋은 어른의 덕목과는 거리가 있어 보인다.

'우린 그저 아이들한테 추억이면 돼.'

아이들이 화살같이 크니 부모는 자식에게 추억이기만 하면 된다는 작자 미상의 이 문장이 이젠 아이들보다 더 무서워졌다. 아이들이 내가 좋은 어른일지 아닐지 몰라도 열과 성을 다해 요리했음을 추억한다면 내겐 적절한 격려일 것 같다.

11화
할로윈이 준 선물

"음홧하하! 여러분들, 먹고 싶은 거 말만해!! 내가 다 줄께!"

쿵쾅쿵쾅 발걸음도 당당하게 집으로 들어오는 아이들 손에 사탕꾸러미들이 그득하다. 아이들 표정이 저렇게나 밝을 수 있을까 싶을 정도로 행복한 표정들이라니. 거실 바닥에 캔디와 카라멜, 롤리팝, 미니 쵸코렛, 젤리가 펼쳐지니 아이들 눈엔 하트가 그려지지만, 저거 다 먹고 치과병원 가서 치과비용 깨질 생각에 나는 눈으로 욕을 한다. 아이들은 엄마 눈이 험악해지거나 말거나 월급날 월급 받아온 가장들같이 위세가 등등하다. 성적표를 잘 받아와도 저 정도까지 기뻐하지는 않았는데 아이들한테 할로윈이란 도대체 뭘까 싶어서 나또한 할로윈 날이면 사탕을 주섬주섬 준비하기도 했다.

우리 집은 할로윈을 극혐하는 집이었다. 무슨 무슨 날 이라 치면 그 기

원과 유래를 요목조목 따져보고 꼭 지켜야만 되는 가치가 없다 싶으면 가차 없이 무시하곤 했는데 할로윈만큼은 아이들하고 대화도 안 되고 타협도 안 되니 협상도 어려웠다. 그래서 꼭 해마다 아이들 마음을 상하게 만들었다.

엄마아빠의 가치를 너희들도 받아들여야 한다고 주장했고, 아이들은 우리와 생각의 기준이 당연히 달랐다. 아이다운 즐거움들을 아이들은 포기하기 싫었던 거다. 어떤 해에는 친구들과 그룹으로 시끄럽게 몰려다니지 않도록 둘씩 짝지어서 조용히 다니라 했고, 어떤 해에는 아예 허락을 안 하기도 했고, 어떤 해엔 대그룹에 속해서 온 동네를 들썩들썩 누비게 허락하기도 했다. 아이들이 커나가니 그것도 계속되지 않는 걸 보고 아이들이 원한다면 할로윈을 극혐하는 내 기준을 부숴서라도 흔쾌히 하게 해야겠다는 생각이 들기 시작했다.

아이들 입장에서 보면 할로윈은 아이들에겐 따뜻한 어른에게 조건 없이 환대를 받는 날이었다. 친구들과 낮이 아닌 밤에 남의 집 초인종을 누른다는 그 자체만으로 일탈의 즐거움을 느꼈던 데다 더 기쁜 사실은 그 어른들이 사탕을 손에 잔득 쥐어준다는 것. 아이들은 뭔가를 잘 해내지 않아도 친절한 어른에게 상을 받는 기분으로 할로윈을 즐겼던 거다. 아이들의 그 심정이 이해되니 나였어도 친구들 대열에 합류해서 열심히 초인종을 눌렀겠지 싶어졌다.

나지막하게 묻지도 따지지도 않고 할로윈 날 쏘다니게 허하길 잘한 거 같다. 아이들에게 할로윈은 결국 받은 걸 남에게 다시 나누고 나눠먹고 하면서 나눔의 연속이 되어주었다. 어린아이들을 위해 기분 좋게 문을 열어 아이들을 맞아준 동네 이웃 엄마들의 따뜻한 마음에 감사를 느낀다. 나도 동네 아이들이 초인종을 누를 때 웃으며 사탕을 주는 이웃집 아줌마로 더 일찍 살 걸 하는 아쉬움이 든다. 우리 아이들 마음속엔 할로윈은 밝게 웃으며 문을 열어주는 어른들의 모습들이 달콤하게 기억되어서 좋다. 달콤한 사탕만큼 달콤한 기억으로 아이들의 추억의 서랍 속에 저장되어 있으니 아이들도 앞으로 이웃의 아이들에게 흔쾌히 문을 열어 사탕을 듬뿍 주는 어른이 되어준다면 좋겠다. 할로윈을 그리 극혐하지 않아도 되었던 거였다.

바베트의 맛있는 시네마

Barbet's Taste Cinema

1화

남극의 쉐프

펭귄도 바다표범도 심지어 바이러스도 (감기도 없는) 남극에는 그들 만이 있다. 끝이 없는 하얀 설원 위에 쓸쓸하게. 눈을 녹여 물을 만들어서 눈금을 재가며 물을 아껴 써야만 한다. 식물도 없어서 씨를 발아시켜 키워 먹는다. 티비도 인터넷도 휴대폰도 없다. 관측과 연구를 위해 모였지만 사는 낙은 오로지 먹는 것 뿐. 태양마저 한 달간 숨어버리면 그들은 서서히 미쳐간다.

"집에 가버리고 말 거야!"

눈보라치는 설원을 무작정 달린다.

"내 몸은 라멘으로 이루어져 있어. 그런데 라멘이 떨어졌다구. 난 이제 살 수 없어!"

귀국 290여일을 남겨놓았는데 라멘이 바닥났다. 그 심정이 어찌나 이해되는 상황인지! 그들의 심리적 허기가 바닥을 친다. 고국에 있는 아내에게선 찬바람만 분다. 기다려줄 줄 알았던 여친까지 배신을 때린다. 똥도 잘 안 나온다. 가족이 보고 싶어도 볼 수 없다. 집엔 가고 싶어도 못 간다. 우울증은 당근 빠따. 버터를 퍼먹기 시작한다.

그 남극에 사는 남자 8명이 서로를 돌보기 위해 주방으로 간다. 주방에서 온기를 나눠먹는다. 주방은 사랑이라기보다 생존에 가깝다. 응급실로서의 주방. 그곳을 지키는 따뜻한 쉐프. 매끼 차려지는 음식이 그들을 지킨다.

밥상을 차린다는 건 가장 중요한 생존의 움직임 아닌가. 이 세상 모든 밥 차리는 이들이여 자뻑을 해도 충분하다!

- 오로라도 물리친 수제 라멘 흡입 씬에는 눈물이 나올 지경
- 쉐프의 밥상을 보는 즐거움에 곳곳에 웃음이
- 곳곳이 일본스러운 코미디 영화
- 일본 남자들의 지저분함이 곳곳에
- 일본 특유의 유머코드가 곳곳에

2화
두 교황

두 교황을 또 본다. 거대한 존재로서의 힘이 자기 자리를 버리고 이동하게 되는 '힘의 이동'에 멈추게 된다. 창세기를 펼쳤는데 인간의 죄와 동시에 말씀이 육신이 되겠다는 힘의 이동의 작정하심이 보인다. 가늠도 안 되고 이해도 불가능한 예정된 사랑이다.

난 이 영화가 좋다. 교리적 옳고 그름을 보는 게 아니니까. 영원하지 않은 우리의 것들이 영원한 것들로 이동하게 되는 것에 집중한다. 그래서 좋다. 우리에게 있어 사랑은 변하지만, 변함없는 영원하신 하나님의 사랑은 우리를 위해 변화하신다.(이동하셨다. 성육신하셨다)

우린 그리스도의 공로의 영원함에 잇대어 살아가는 존재이기에 서로의 죄를 허물을 덮을 힘을 가진다. 이 영화의 관전 포인트다.

두 교황이 대화를 하려고 산책을 하는 장면도 좋지만 테이블에 동등하

심겨진 곳에서 피어나라

게 앉아 두 눈을 마주치고 대화를 나누다 논쟁하며 협상인 듯 타협 인 듯 아슬아슬한 분위기로 흘러가다가 소파에 나란히 앉아 각자 국가의 축구팀을 응원하는 장면이 너무 좋다. 누구나 숨기고 싶은 과오를 가지고 하나님 앞에서 울음을 삼키며 사는 데엔 교황도 예외가 없다는 사실이 무척 인간적으로 다가온다. 두 교황의 논쟁은 결국 서로에게 가장 어울리는 삶의 방향으로 걷게 했다.

"사랑이 없는 진실은 견딜 수 없습니다."
- '이동'에 대하여
- 가장 낮은 곳에 오심에 대하여

3화
리틀 포레스트

쉼을 주고 싶고 기운 차리고 싶어서 딸이랑 쑥개떡을 빚어 열무김치에다 매실에 얼음 동동 띄어 먹으며 〈리틀 포레스트〉를 본다. 김태리를 보고 싶어서 봤는데 문소리가 더 잘 보인다.

'집중해. 요리는 마음을 비취는 거울이야.'

'기다려, 기다려. 요리는 기다려야 최고를 맛보게 돼.'

'겨울이 와야 정말로 맛있는 곶감을 먹을 수 있는 거야.'

도시의 삶이든 농촌의 삶이든 내가 결정할 수 있는 게 없다는 건 똑같은 것 같다. 내 입으로 들어갈 밥을 내 손으로 직접 하루 세 번 해먹는 일상의 위대함에 대한 영화다. 그 보잘것없어 보이는 똑같은 일상이 사람을 사람답게 만든다는, 특별날 것 없는 주제지만 영화 한 장면 한 장면은 요리를 즐기는 나에겐 특별하게 다가왔다. 꾸준한 요리는 삶의 의지와 기뿜을 유지시켜주기에 충분한 오브제다. 나도 처음부터 요리를 좋아했거나 잘 했던 건 아니었는데 지금은 누굴 먹여도 만족시킬 만큼 요리를 해내는 사람이 되었다. 그건 타고난 게 아니라 하루도 빠짐없이 가장 열심히 꾸준히 해온 행위가 바로 요리이기 때문 아닐까. 요리밖에 할 줄 아는 게 없다가 아니라 요리씩이나 할 줄 아는 사람이 되었다. 난 이런 내가 맘에 든다. 더 좋은 요리를 하는 사람이 되고 싶게 만드는 영화.

남편과 함께 일하는 팀원들이 놀러들 오셨을 때가 있었다. 언제나 느끼는 거지만 연구원들은 특유의 차분함과 착함이 묻어난다. 난 남편과 비슷한 기질의 연구원들에게 그래서 남다른 애정을 갖게 되는 것 같다. 나와 모든 부분에서 기질이 달라서 매력적인 사람들. 남편이 평상시에 일하는 걸 즐거워하는 이유를 알 것 같다.

회사 내 이런 집 밥 먹는 회식문화는 내 세대에서 끝날 거라며 모두들 아쉬워한다. 나도 인정하지만 왠지 단촐하게라도 집에서 모여 집밥을 같이 먹는 건 단절되지 않았으면 좋겠다. 정겨운 사람들이 머물다 간 자리에 아직 그들의 온기가 남아있다. 이게 사는 거 아닌가. 난 역시 리틀 포레스트 매니아인가.

4화
모두를 살리는 바베트의 만찬

학생 때 본 영화 〈바베트의 만찬〉을 50살이 거의 다 되어 다시 보니 영화에 깊게 스며든다. 그간 살아온 시간이 특별하진 않아도 평범하진 않았다는 걸 느낀다. 바베트는 매사를 영과 육으로 나누어 이분법적으로 판단하며 살아온 마을 신자들에게 조용히 좀 하라고, 싸우지들 말라는 말을 딱 한번 했다. 그들은 딱 봐도 냉담하고 우울해보였다. 마른 빵을 물에 불겨 먹는 청교도인으로서 아주 소박한 식탁만 고수했기 때문이었을까?

바베트는 프랑스 전쟁의 피해자로 가족과 재산 모든 걸 잃었던 자신을 받아준, 다소 경직되었지만 다정한 두 자매와 다소 경직되었지만 열심인 마을 신자들, 그리고 존경받던 목사님의 탄생 100주년 만찬을 위해, 그녀는 프랑스에서 날아온 어마어마한 금액의 복권당첨금 모두를 기꺼이 다 쓴다. 그래놓곤 예술가는 결코 가난하지 않다는 말을 한다. 예술가의 가슴에서 나오는 최고의 창작 노력을 기울일 때 정작 자신이 행복하기에 그거면 충분하다는 자기 효능감의 끝판왕으로서의 면모를 처음부터 끝까지 보여준다. 이런 어메이징한 사람 같으니라구!

마른 물고기만 집집마다 걸려있는 소박한 청교도인들의 마을에 어머어마한 식재료들이 배에 실려 들어온다. 싱싱한 온갖 과일과 채소, 풍미 가득한 버터, 고급 와인들, 육고기들, 거북이, 샥스핀, 캐비어 등등. 바베트는 그 식재료들로 정통 프랑스식 정찬 파티를 준비한다. 차분하게 콧노래를 부르며 집중한다.

대쪽 같으나 곧 부러질지도 모를 마을 사람들과 초대 받은 손님들 모두 모여 바베트의 만찬을 먹는다. 열리지 않던 그들의 마음의 빗장이 서서히 열리고 기분이 즐거워지고. 미간에 주름이 펴지며, 마음에 관용의 주머니가 생긴다. 세상을 이분법적으로 살았던 사람들의 마음에 빠다꿀물이 발라지며 느슨해지고 웃음이 맺힌다. 육적 세계와 영적 세계의 구별이 모호해진다. 요리라는 예술을 통해 육과 영의 세계가 통합되어가는 맛을 맛본다. 육의 맛이 이리 다양하고 달콤한 만큼 영적 세계의 맛도 더 풍성하게 느낄 줄 알기 시작했던 거다.

'아! 육은 아름다울 수 있구나.'라는 대사는 나오지 않지만 그들은 평생 먹어보지 못한 정찬요리를 코스별로 맛보며 다들 표정들이 달라진다. 오감이 열리며 그 말캉해진 심성으로 창조주 하나님을 응시하고 누리는 데에 새 감각이 열리는 경험을 처음 느껴보았기 때문이다. 그들이 그토록 정죄했던 육의 세계는 밀쳐내야 할 게 아니라 그 속에서 껴안고 살아야 하는 것임을 알게 되는 듯 보였다. 예술의 세계에서는 육과 영은 어느 한쪽도

Episode 6 바베트의 맛있는 시네마

밀쳐내지 않고 공생관계가 될 수 있는데, 그들은 영적 세계만이 육을 살린다고 믿었기에 그들에게 육은 더 죽여야만 하는 대상이었다. 그들의 그런 시선때문에 다소 냉담하고 다소 울적하게 살아올 수밖에 없었고, 더 정확히 말해 그들은 육의 본성을 무 자르듯 잘라내고 무시했지만 정작 육의 본성에 잠식당한 자신들의 그림자를 보지 못했다. 다름을 받아들이지 못했던 그들은 자신 안에 선한 것이 있고 자신들만 옳다고 여기며 평생을 살아왔기에 외지에서 온 이방인 바베트를 사랑할 마음의 도량도 여유도 없었던 거였다. 그들은 바베트의 만찬을 먹고 저절로 관용으로 나아가는 힘을 얻었고 하나님의 이름을, 만찬을 먹기 이전보다 더 풍성히 찬양했다. 그래 놓곤 바베트가 이곳을 떠날까봐 두려워하게 되었는데 바베트는 그들 곁을 떠나지 않는 듯 영화는 끝이 났다. 그들에게 바베트의 만찬은 자신들의 한계를 깨닫는 의식보다 먼저, 그들에게 위로와 감동으로 다가와 주었다. 그들은 경계를 허무는 만찬을 먹고 자신들이 갖고있던 공고한 선이 지워지는 경험을 하게되니 더욱 풍성한 영혼을 맛볼 줄 알게 된 거다.

영과 육의 경계에 꽃을 피우는 건 예술이고 예술은 그 경계를 낮추기도 한다. 요리가 그 정점이라는 걸 맛보아 알게 해준 친절한 사람이었지만 바베트는 통 큰 사람이라기보다, 누구보다 자신을 사랑해서 자신을 돌보듯 남을 돌보는 본능의 요리를 해냈다. 자기만의 스토리를 자기만의 창작 과정에 다 갈아 넣는다는 그것이 예술인 이유는, 경계를 낮추어 허물기도 했지만 경계선상에 요리라는 예술로 사랑을 피우는 테이블의 향연이었기에 그랬다. 사람과 사람 사이를 살리는 몫도 예술가이고 영혼을 살찌우는 역할도 예술가가 해내는 것으로 보인다. 세상은 예술가가 살린다 해도 과언이 아닌 것 같다. 적어도 그들은 자기가 맛있다고 맛본 것만 요리해서 맛보여 주니까. 그들은 예술에 임하는 순간은 행복한 사람들이기에 가난하지 않다.

난 이 영화를 보며 요리를 즐겨하는 나에 대한 자존감을 다시 회복할 수 있었다. 코로나 시대라 매일 해내고 있는 집밥 밥상 차리기가 예술적인 행위가 될 수 있다는 기쁨이 있다. 바베트가 요리하는 행위 자체는 자연의 재료로 작품을 창조하는 과정이기에 창조주 하나님의 생명력에 직접적으로 맞닿아있는 작업으로 보였다.

그리고 그때 청교도 신앙의 한계가 보여 마음이 좋진 않았다. 자칫하면 이분법적이길 잘 할 수밖에 없는 청교도주의적 신앙은, 나와 남을 정죄하기는 쉽지만 예술가들만큼 사람들을 살려놓는 실력은 부족할 수밖에 없다. 왜냐면 남의 틀림 위에 그 신앙의 기본 정체성이 세워지기 때문인데 비판과 판단, 정죄가 깨어있는 신앙이라는 오해를 불러일으킬 수 있다는 한계가 있어 보였다.

내게도 바베트처럼 모두를 살리는 식탁 테이블을 차려본 과거의 시간들이 있었다. 친구 한 명을 위해서도 식탁을 차려보았고 두 명, 세 명부터 50명, 그 사이의 숫자들만큼 다양한 명수의 이들과 함께 테이블에 앉아 눈을 맞추고 맛있는 음식을 먹으며 몇 시간이건 깊고 재밌는 수다를 떨며 행복한 시간을 보낸 추억이 가득하다. 이젠 코로나로 예전의 그런 삶이 불가능해져서 그런 시간이 너무 그립지만 지금은 내가 할 수 있을 만큼의 새 공간에서 여전히 밥상을 예술적으로 차려내는 일상을 반복하고 있기에 나름 재미있는 시간들을 산다. 내 자신을 위해 차리는 식탁만으로도 사실 그

가치와 의미는 충분히 있다. 사람이 꼭 대단한 일을 해야 가치 있는 인생
이 아니고 꼭 대단한 일을 하려고 태어난 것도 아니라는 걸 이젠 알기에,
누구나 바베트처럼 살 수도 없고 살 필요도 없지만 그래도 매일 밥을 차리
는 사람으로서 모두를 살린 바베트가 가진 자기효능감은 배우고 싶다. 나
를 먼저 지키지 않고 남을 지킨다는 건 불가능하다는 걸 아니까말이다.

심겨진 곳에서 피어나라

5화
미생으로 산다는 것

일을 시작하고 나서 남편이 웹툰으로 즐겨보던 미생을 함께 보기 시작했다. 아직 생을 다 살고 있지 못하다 해서 '미생'이다. 민주주의 사회에서 자본주의를 취하고 산다는 것이 도대체 무엇이고, 우리 각자는 그 자본주의에서 어떤 인간으로 버티고 있는지에 대해 사회학적인 질문을 던져주고 내면 깊은 곳을 만져 진단해주는 드라마였다. 높은 성취의지, 일중독, 과도한 업무, 스트레스가 같은 본질에서 나오는 '같은 말'이었는데 사회의 일원으로 입에 풀칠해야만 하는 현대인들에게 '그 같은 말'들은 공감을 불러일으킬만 했다. 누구나 저렇게 사는 구나 하는 공감대는 위로로 다가오기도 했지만, 우리 안에 대안도 없고 비상구도 없는 것이 굳어져서 결국 공허감을 더 느끼기도 했다.

나도 일을 시작하다보니 사람을 만나는 폭이 넓어져가던 때, 사람을

Episode 6 바베트의 맛있는 시네마

파악하려고 자꾸 노력하다보니 한계에 부딪쳤다. 사람을 파악한다는 게 내 시야와 생각과 편견에 갇힐 수도 있는 가능성이 늘 있었다. 사람들과 관계하며 일을 할 때, 내 생각을 남에게 투사하다가 내 자신에게 속을 수 있다는 사실을 알게 된 후로, 사람들을 있는 그대로 담백하게 보고 대하기로 다짐했다. 우리나라 사람들이 사기를 잘 당하는 이유가 거짓말을 잘 해서라는 신문 사설을 본 적 있었는데, 그 거짓말에 잘 속아 넘어가는 이유는 순진해서가 아니라 우리나라 사람들 안에 남과 비교하는 심리에서 파생되는 시기, 질투, 욕심이 많고 그만큼 동시에 불안하기 때문이라는 논지였다. 고개가 끄덕여졌다. 우리나라 사람들은 사람을 볼 때 불안이 많거나 의심이 많은 사람은, 상대방을 있는 그대로 보지 못하고 힐끗 거리거나 담백하게 대하지 못하는 걸 경험적으로 알게 되었는데 일을 하며 사람들과 관계할 때 나부터 힐끗거리지 않으려 노력했던 기억이 난다. 내가 세상에 최상의 것을 내어주면 세상도 내게 좋은 것으로 응답할 거라고 담백하게 기대했고, 내게 어떤 것이 돌아오든 그것에 민감하지 않을 수 있었다.

미생의 치열함 속엔 우리에게 던져주는 것들이 몇 가지 있었는데, 순서 없이 써보자면 이와 같다.

남과 비교하며 산다는 건 내 자신을 가장 찌질하게 만드는 일이다. 오로지 내가 싸워야할 대상은 '나'밖에 없다. 부러우면 진다는 건 나와 생각이 다르거나 부러운 상대에 대해 감정적으로 발끈하면 반드시 진다는 뜻이 될 수 있다. 상대가 부러우면, 내가 그를 알고 있다는 사실 자체만으로 기뻐하는 마음의 지경까지 넓히면 된다. 누구나 어떤 말이든 할 수 있는, 비판이 허용되는 조직일수록 유연한 관계를 유지하고 있다는 증거다. 그

심겨진 곳에서 피어나라

렇기에 비판에 상처받을 이유도 없다. 그건 오직 받는 사람의 도량이요 몫이다. 자존감과도 직결될 수 있다. 자존감이 높은 사람은 어떤 비판의 의견에서도 감정선이 흐트러지지 않는다. 그리고 남의 반응이 어떠하냐에 따라 자기 자존감에 영향을 받지 않는다. 모르면 묻고 배워야 하지만 어제 몰랐던 걸 오늘도 몰라서는 안된다. 솔직함이 게으름을 가려주는 건 아니다. 나만의 판을 짜려면 내가 먼저 최대치의 노력을 해야 한다. 그리고 남들과 다른 판을 짜서 기존과는 다른 룰을 창조해내기 위해서는 나를 탐구해야 하고 나만의 색깔을 가져야한다. 나이기에 나만이 내는 에너지를 내어 나처럼 사는 건 나 밖에 없다는 가치를 가져야한다. 사람마다 저마다의 바둑판이 있다. 남의 바둑판을 흉내 내지 말자. 용기 있는 자는 100% 지식으로 사는 게 아니라 80%만의 지식으로도 들이댈 줄 아는 사람이다. 지식은 판단을 가능하게 해주지만 용기가 없으면 지식을 실천하며 살 수 없다. 지식만 있으면 내 것을 포기하지 않거나 심하면 남의 것도 내 것으로 만들기 위해 안달하게 된다. 반대로 지식은 없고 용기만 있으면 끝도 없는 오해에 꼼수에 오지랖에 자아확장에 감정선만 드넓다. 용기가 지나칠 경우 (겁쟁이처럼) 이간질하며 살게 되는데 문제는, 남들은 다 알고 있는데 남들은 모를 꺼라고 자기 자신만 확신하고 있다는 거다. 지식과 용기는 균형적으로 갖출 덕목인 거다. 또한 남의 공을 나에게 돌리는 거들먹거리는 태도를 가진 사람은 남의 공에 대해 진심으로 박수쳐주지 못한다. 나의 공을 남의 공으로 돌리고 공유할 줄 아는 사람은 남의 공에 순전한 마음으로 박수쳐 줄 수 있다. 한 마디로 욕심과 투기가 많은 사람은 쉐어의 풍요로운 신비를 모른다. 망할 때까지, 망해서도 바뀌지 못한다. 그런 사람을 대할 때 일수록 진실만으로 승부해야 한다.

　여기까지가 미생에서 건져 올린 지극히 개인적인 '자본주의에서 슬기롭게 살아남을 수 있는' 덕목 같은 거다. 뭐니 뭐니해도 인생은 끊임없는 반복이기에 그 반복에 지치지 않는 자와 체력이 뒷받침되는 사람이 성취할 수 있기에, 결국 반복과 체력을 조절할 줄 아는 게 능력이라는 결론에 다다랐다.

　이 드라마의 결말이 장그래가 정규직으로 채용되었다면 정말 실망할 뻔했다. 장그래는 정규직이 아닌 자기만의 다른 길로 나아갔다. 이 드라마의 매력이 거기에 있었다. 자본주의 세상에서 그리스도인으로 아직 생을 다 살아내지 못하고 있는 미생으로서 이 세상에서 잘 살아낸다는 것에 대해 다른 그리스도인들과 지속적으로 대화를 나누고 싶게 만드는 드라마였다. 그리스도인으로서 이 세상에서 미생이 아닌 완생이란 가능할까. 이 세상에 살면서 고민 하나 끝까지 붙잡고 살아가는 것만으로도 정직한 그리스도인이지 않을까싶다.

6화
삼진그룹 영어 토익반

이 영화에 이런 말이 나온다.

"세상은 변하지 않아."

"세상은 점점 나빠져 가는 걸까?"

난 살면서 이 말을 싫어했고, 이 말대로 되는 건 원치 않았다. 이 말을 좋아하는 사람이 누가 있겠나. 세상을 그닥 좋아하지 않는 청소년기 청년기를 보냈다. 방황도 했고 나대신 두들겨 패주는 헤비메탈 음악을 들었다. 목소리를 냈고 세상을 바꾸고 싶어서 행동도 했다. 그 과정에 글을 쓴다는 건 너무 당연했고. 눈에 보이는 부분만, 적게 경험한 세상이었는데도 세상은 너무나 부조리했고 아무리 생각해도 불공정했고 좋게 보려 해도 아프고 성질나는 일들뿐이었다.

제도의 모순, 계층의 한계, 비인간화된 욕망, 혁명이라는 이름의 아픔들까지. 내겐 세상 모두가 변해야할 것들 투성이로 보였다. 그랬던 만큼 치열했다기보다 늘 실망했으니 늘 무기력감이 더해가기도 한 것 같다. 세상을 바꾸고 싶어 했던 나 같은 사람들은 그 용기와 담력으로 세상은 (혹시) 바뀐다 해도 정작 내 자신을 바꾸기 힘들다. 그걸 스스로 인지하고 있다면 기적과 같고 인지하지 못하는 건 너무 당연하다.

깊이 생각해보지 않아도 이 영화 속 부조리와 페이소스는 지금도 일어나는 이야기들이다. 영화 속 투사들은 여상을 나온 멋진 사회인들이다. 나의 작은 부분부터 바꾸는 것으로 세상을 바꾸는 시작을 하겠다는 그녀들의 개미 같은 작은 움직임들이 당당하게 빛난다. 그녀들이 뭉쳐서 세상을 조금씩 바꾸어나가는 걸 보며 대리만족하는 기쁨이 있다.

이 영화를 보면 여전히 세상을 바꾸고 싶어 하는 나하고도 만난다. 나도 내 자신을 어쩌지 못하고 있는 수준이라는 거 이미 다 아는데도, 누군가는 여전히 세상이 변하지 않아서 고통 받고 있다면, 세상이 점점 나빠져만 가는 걸 확인한다면, 우린 그런 그 고통 받고 있는 사람들을 바라보기만 하는 내 자신을 견딜 수 있을까? 이런 질문을 하게 된다. 이 영화는 그걸 견딜 수 없어서 행동하다보니 나부터 바뀌어가고 그러다보니 세상을 바꾸게 되는, 오지랖 끝내주는 여상 출신 그녀들의 못 말리는 이야기다.

난 언제부터인지 세상이 싫지 않다. 나도 세상과 별다를 바 없으니까. 이 영화를 보면서 세상을 바꾸기보다 내 자신부터 바꾸는 것이 언제나 먼저라는 생각이 들었다. 나는 그 어려운 걸 왜 자꾸 하려는 걸까.

7화
원더풀 미나리

이 영화는 아메리칸 드림을 품고 미국으로 건너가 미국 땅을 개척하는 이민한국인의 삶을 그린, 미국에서 제작된 미국 영화다. 미국이란 나라의 그 시작과 다르지 않게 한국인 가족의 삶이 펼쳐진다. 아이작 정 감독의 자전적 이야기로 극중 아들 데이빗을 자신의 페르소나로 아이작의 이야기를 들려준다.

'여기가 빅 가든이 될 꺼야.'

이 영화는 처음부터 개척영화로 보였다. 딱 봐도 변방인 아칸소. 잡초들이 무성하게 자라난 허허벌판에, 물도 없고 창고도 없고 이웃도 없는데다 트레일러 바퀴달린 집만 달랑 있을 뿐인데 제이콥은 이곳이 자신의 꿈과 야망을 실현시킬 최고의 땅이라는 무모한 믿음이 있다. 제이콥의 그 믿음에는 자신이 최고 속도의 병아리감별사라는 것과 어떻게든 미국 땅에 뿌리를 내려 보겠다는 강한 의지가 있었다.

'한국인은 두뇌를 써.'

제이콥은 땅을 갈아엎을 3천불짜리 트랙터부터 구입한다. 태풍으로 위험했지만 또 아슬아슬하게 별일이 생기지 않는다. 아내 모니카는 이곳에서의 삶이 불안하고 힘겹다. 제이콥은 수맥을 짚어주겠다는 미신적 미국인을 비웃는다. 믿을 건 내 이성과 두뇌와 젊은 몸뿐이다.

"데이빗. 물은 어디서 오지?"

"데어."

마치 에덴동산의 인류인 듯 그 넘치는 자신감으로 스스로 우물을 직접 판다. 이 대화가 이 영화를 관통하는 가장 중요한 장면으로 보인다. 제이콥은 아들의 대답이 마음에 쏙 든 나머지 아들을 부둥켜 안고 어쩔 줄 몰라 한다. 미국 땅에 뿌리를 내리기 위해 세탁소나 편의점을 선택하는 다른 이민자들과는 다른 면모를 보여준다. 게다가 백인 원주민들은 다소 하등해 보인다. 광신자이거나 알콜중독자. 제이콥은 개척자로서 백인 원주민을 고용한다.

'다 수컷들만 죽여. 맛도 없고 알을 못 낳으니 쓸모가 없거든.

우린 쓸모가 있어야 돼.'

병아리 감별소에서 아들에게 해준 말이다. 이 메타포에 제이콥의 가치관이 정확히 담겨져 있다. 인생에서 중요한 건 오로지 '쓸모'이기에 목표

만을 위해 달려가야 한다. 그 외에 다른 건 중요하지 않다. 모니카가 왜 아칸소 변방에서 힘든지, 트레일러 집이 왜 싫은지 이해하려고 하지 않는다. 그랬기에 모니카의 신앙도, 폴의 기도에도, 장모의 병에도 그저 냉담할 수 있었다. 아이들에게도 '회초리 가져와!' 강압적인 양육을 한다. 모니카는 늘 한 발짝 물러서 있을 뿐. 남편에게 동참하지도 그렇다고 반대하지도 못하는 위치에 있다. 모니카의 눈에는 얇은 눈물이 살짝 맺혀있을 뿐이다.

'집에 바퀴가 달려있으니 재밌잖아!'
할머니가 아칸소로 와준다. 비록 쿠키도 못 굽고 김치도 못 담구고 맨날 화투치고 레슬링만 보는 할머니지만 아이들을 돌봐주는 존재는 이 부부에게 큰 위안이 될 것도 같아 보인다.
"엄마, 내가 이렇게 밖에 못살아서 미안해."
모니카의 이 말에 엄마가 저 말을 해주는데 눈물이 났다. 이런 보기 드문 한국 할머니의 등장은 미국 관객에게는 신선했겠지. 맛난 밥상을 차리지는 않지만 할머니랑 화투를 재미나게 칠 수 있으니까.

'미나리는 잡초처럼 아무데나 잘 자라서 누구나 다 뽑아 먹을 수 있어.'
제이콥 가정에선 금기시된 으슥한 물가로 할머니는 데이빗의 손을 잡고 성큼성큼 들어간다. 뱀이 나온다고 절대 들어가지 말라던 그 곳. 그곳에서 할머니가 뿌린 미나리는 잘 자라기 시작한다. 할머니와 데이빗은 그곳에서 미나리, 미나리 노래를 부르면서 어색했던 둘 사이는 친해지기 시작한다. 이 영화는 아주 철저하게 기독교적 색채가 가득한 영화이기에 그 기본을 알고 보면 그 상징성들이 눈에 보인다. 뱀은 사탄으로 성경에서 등장하는데 이 영화에서 뱀은 중요한 오브제이기도 하다.

'눈으로 보이는 건 위험하지 않을 수 있는데
눈에 안 보이는 게 더 위험한 거야.'

말로만 듣던 뱀이 나타나자 겁에 질린 데이빗에게 할머니가 해준 말이다. 기독교적 메타포가 담겼다. 뱀을 통해 죄가 아담과 하와에게로 들어오는데 인류의 원죄를 짓게 만든 건 눈에 보이는 뱀의 정체가 아니라, 하나님과 같게 되려고 한 그 마음에서 죄는 시작되었다. 생명나무의 실과를 따 먹지 않을 수 있는 자유의지를 갖고 있던 인류는, 하나님 없이도 살 수 있다는 마음으로 자유를 저버렸다.

'왜 그렇게 헌금을 많이 한 거야?'

제이콥은 믿음이 없기에 헌금이 아깝기만 하다. 모니카는 하루하루가 힘들어 지쳐 있다. 아무리 봐도 남편하고는 끝까지 가기는 힘들 것 같다.

"엄마 내가 벌어서 엄마 책임질게."

모니카는 엄마에게 이런 말을 한다. 제이콥은 믿음이 없기에 헌금이 아깝기만 하다. 모니카에게 친구를 만들어주기 위해 교회를 이용할 마음이었지만 그마저도 잘 되진 않는다. 하나님과 잘 지내볼 마음은 제이콥에게 없었다. 그랬기에 도로 위에서 만난, 십자가를 메고 고난을 체험 중인 폴을 보며 비웃는다. 개척자에겐 그런, 믿음은 없으나 뚝심은 있는 모습이 그리 이상해 보이지 않기에 제이콥은 설득력은 있는 인물이다.

'나 팔이 여기까지 밖에 안 올라가.'

산다는 게 어디 내 뜻대로 되던가. 영화 첫 장면부터 뭔가 아슬아슬한 분위기가 이어지고 뭔가 큰 일이 벌어질 듯 말듯 했는데 또 아무 일도 벌어지지 않는 묘한 긴장감이 이어졌다. 제이콥은 자기 뜻대로 되어 지지 않는 막강한 오브제를 만난다. 물과 폭염. 그리고 불. 자신만만하던 자신의 두뇌와 건강한 몸으로 아무리 성실히 노력하고 매일매일 매달린다한들 물이 없으니 농작물이 자라지 않는다. 믿었던 한인 거래처도 배신을 때린다. 물을 길어 올리려고 무진 애를 쓰다가 너무 지친 제이콥은 모니카에게 저 말을 한다. 자기 힘으로 옷도 벗을 수 없고 머리도 감을 수 없는 한계 앞에서 제이콥은 아내의 도움을 받으며 눈물을 흘린다. 이 장면은 그토록 자신이 비웃었던 신앙의 존재 앞에 싸늘함을 거두는 상징적 의미가 있는 장면이다. 아내 앞에서 꼼짝도 못하고 앉아 물세례를 받으며 한 인간으로서 뻐겨온 뚝심이 하나씩 느슨해지는 의미라고나 할까.

'저 사람은 물도 없는데.'

물 부족. 아니 물 한 방울 없음과 폭염이라는 자연의 섭리 앞에 제이콥 가족은 할 수 있는 게 아무것도 없다. 서로를 돌보는 것 밖에. 할머니를 돌봐야하는 엄마의 부재에도 아이들끼리 교회를 다녀오는 장면에서 아이작 감독의 주류사회에 대한, 주류 교회에 대한 뾰족한 마음이 읽혀졌다. 십자가를 메고 걷는 아저씨를 향해 주류 교회의 아이들이 욕을 날린다. 아무리 폴이 신비주의자의 광신자적 모습이 있다손 치더라도 아무리 아이들이어도 낄낄거리며 비아냥 거리며 욕을 쉽게 날리는 건, 같이 믿는 사람끼리

해도 너무한 비극적인 상황이었다. 심지어 한마디 더. '저 사람은 물도 없
데.' 물이 없어서 밥을 굶거나 씻지 못한 경험이 있을래야 있을 수 없는 주
류 사회, 주류 교회의 사람과의 깊은 불통감을 적나라하고 아프게 표현한
장면이었다. 아이작 감독은 변방의 아칸소를 배경으로 주류의 배부른 이
중성을 꼬집었다. 아주 아프게. 이런 혐오와 차별이 만연했던 이민자들의
삶 속에서 이민자들은 무얼 선택했겠는가. 미국 사회에 반드시 뿌리를 내
려야하는 것밖엔 다른 도리가 없었겠지.

'원더풀 데이빗 원더풀 미나리.'

더 이상 무너질 자산도 남아있지 않을 때까지 내려가서야 제이콥네 가
족은 해체되지 않았다. 제이콥은 위기의 순간 농작물을 버리고 모니카를
껴안았다. 데이빗은 생애 처음으로 뜀박질을 해서 할머니를 가족으로 껴
안았다. 거들먹거릴만한 기운도 남아있지 않아야 수맥을 의존했다. 뾰족
한 가시, 질긴 쓴뿌리가 무뎌진 건지 자신이 비웃던 것들을 받아들이기 시
작한다. 더 좋아질 게 없어보였어도 다시 그들만의 일상으로 들어간다. 이
영화는 그래서 좋아보였다. 영화에서 나오지 않았지만 제이콥은 창조주의
섭리를 받아들이며 자신을 그 섭리 안에 두는 삶을 살았을 것이다. 데이빗
손을 잡고 미나리를 뜯으러 간 그에게서 느껴진 것들이다. 미나리 이 영화
는 개척정신과 온통 기독교적 배경이라는 두 줄기로 가득 차 보였다. 생
각보다 상징성이 많았고 메타포로 이어지고 무엇보다 영상미가 돋보였다.
제이콥을 어느 누가 미워할 수 있겠는가.

"할머니가 자리를 잘 찾으셨네."

8화
줄리 앤 줄리아

결혼하고 매일 열심히 한 게 아니 살아온 동안 이렇게 열심히 한 건 요리 뿐인 듯하다. 요리는 나의 오래된 친구인 만큼 가장 많은 영감을 주는 삶의 오브제이다. 요리는 남을 위해 해야 하는 끝없는 배려로 보이지만, 사실 나에게 요리는 나의 만족을 위해 내 자신에게 해주는 매일의 창의적인 작품이기도 하다. 요리는 나와 남을 사랑하는 것이기에 요리는 행복한 것이고 언제나 맛있는 것이 되어준다.

　영화 〈줄리 앤 줄리아〉에도 요리에 대한 기분 좋은 에너지가 꽉 차있다. 실화여서 더 흐뭇한 이 영화는 보는 내내 행복했고 보고 나서는 요리할 때마다 힘이 나게 했다. 매일 차리는 식탁의 세계에서는 노력하는 사람은 즐기는 사람을 못 이긴다는 명제가 통하지 않는 것 같다. 요리는 타고난 미각이나 천재성으로 기경되는 영역도 아니라는 걸 영화에서 보여준다. 요리는 즐기면 최고지만 노력은 기본빠따로 들기 마련이니.

1940년대 미국인 줄리아는 프랑스 남자들로만 구성된 고급 요리반에 들어가자마자 양파를 너무나 못 써는 자신을 쳐다보는 남자들의 시선에 굴욕을 느끼고 집에 와서 몇 날을 양파만 미친 듯이 썬다. 썬 양파가 산을 이룬다. 난 그 장면에서 신선한 충격을 받았다. 요리 뿐 아니라 생활 전반에서 나에겐 찾아볼 수 없는 면모라서 말이다.

1990년대 미국인 줄리는 가금류 속을 파내고 그 속을 맛난 걸로 채운 닭을 구워 접시에 고대로 뒤집어야 하는데 세 번 네 번을 해도 안 된다. 1940년대 줄리아의 레시피대로 500가지가 넘는 프랑스 요리를 보조해주는 이 없이 혼자 해내며, 매일 줄리아의 레시피대로 완성된 요리를 블로그에 연재하던 중이었던 줄리는 좁은 주방 바닥에 나자빠져 운다. 그 장면에서 그 심정이 이해가 될 것도 같았다. 줄리는 자신과의 약속을 지키느라 자신과 싸우는 중이었으니 말이다.

미국인 줄리아와 미국인 줄리는 요리를 통해 남에게 인정받는 것보다, 책을 출판하여 작가가 되는 것보다, 자신 안에 요리에 대한 더 중요한 것들이 있었다는 걸 알아간다. 이 영화를 보면서 나도 또한 요리에 대한 중요한 것들을 알게 되어 행복했다. 이 두 여인들은 요리 전에 칼을 정말 열심히 가는데 뭐든 기본은 내겐 없는 습관이라 나도 저래야 하나 도전을 받았다.

줄리아 커플, 줄리 커플. 이 두 커플은 자녀가 없다. 요리에 즐거움과 보람을 누릴 줄 안다. 이 두 여인의 남편들은 아내를 지극히 사랑한다. 남편들은 요리를 너무 맛나게 손으로도 막 집어먹고 입이 터져라 먹고 항상 접시를 싹싹 비워가며 잘도 먹는다. 그래서인지 이 두 여인은 요리를 더욱 즐기게 된다. 감탄은 최고의 요리를 만들게 하는 비결인 듯 보였다.

줄리아의 레시피대로 요리하며 블로그에 올리는 프로젝트를 수행하는 줄리의 남편이 줄리에게 이런 말을 했었다.

"어차피 사람들은 너가 줄리아의 레시피 그대로 요리를 다 완성했는지 모르잖아. 그냥 레시피대로 다 했다고 블로그에 써. 사람들은 글로만 읽으니까 음식 맛을 모르잖아."

줄리는 남편에게 결코 그럴 수 없다고 대답한다. 사람들은 요리 사진을 보면 다 안다고 줄리는 믿었다. 줄리 자신이 자신을 믿는 것처럼 사람들도 줄리를 믿고 있다는 사실을 무거운 책임감으로 받아들였던 것이다. 블로그에 올리는 음식 사진을 사람들이 보면, 이게 줄리아의 레시피대로 했는지 안했는지 사람들은 다 알 수 있다고 대답한다. 난 이 장면에서 이 영화의 메시지가 담겨있다고 보았다. 내 자신과의 약속을 지키는 게 더 중요하기에 그럴 수 없다고 말하는 줄리의 마음. 요리의 세계는 성실과 기다림의 반복이기도 하지만 그 것보다 더 중요한 게 마음과 마음이 전해지는 가장 확실한 통로이어야 한다는 가치를 줄리는 지켜냈다. 줄리 남편의 말대로 한다면 줄리가 매일 한 가지씩 요리를 해낼 이유가 없어져 버리는 것이 되니 말이다. 영화 마지막에 줄리가 줄리아의 주방에서 버터를 헌정하며 'I love you Julia'라고 말할 때 어후야, 왠지 그 심정을 알 것 같았다.

Episode 6 바베트의 맛있는 시네마

바베트의 기다란 테이블

Barbet's Long Table

1화

No 배달 No matter

애들아,

배달의 민족인 우리나라에 살면서, 실로 배달의 민족답지 않게 맨날 직접 해먹어서 엄마에겐 배달은 너무 큰 도전이야. 그 이유는 명확해. 엄만 간단하게나마 요리를 해먹어야 기분이가 좋고 사는 맛이 나. 뭐 거창하지 않은 단순한 요리이기에 꾸준할 수도.

오늘은 야채가 반 수제비. 야채가 반 닭 안심살 또띠아. 고구마 말랭이란다.

심겨진 곳에서 피어나라

야채가 반 수제비

밀가루 반죽을 해둬. 손의 대근육을 사용해서. 랩 씌워 30분정도. 그새 멸치다시육수를 내. 감자 1, 애호박 1/2, 양파 1/2,, 파, 마늘, 새우살, 국간장을 2숟갈(밥숟갈로) 넣고 부글거리게 끓이다가 손에 챔기름 한 방울 묻혀서 반죽을 뚝뚝 얇게 떨구어서 뽀로로 끓여먹으면 하루 피로가 날라갈 정도란. 너네가 수제비를 거의 못 먹고 자라난 건, 난 어릴 때 수제비를 많이 먹고 커서 질려 있었기 때문이었는데…. 소화기능도 안 좋고. 얼마 전 교회 식구 집에 놀러가서 다시 입맛도는 수제비를 먹곤, 나도 다시 수제비에 컴백하리라 다짐했어.

야채가 반 닭 안심살 또띠아

이건 정말이지 쉬워. 저녁 무렵에 동네슈퍼엘 가면 50%세일하는 고기류들이 많아. 그거 한 팩 딱 집어와! 달걀 3개 풀고 카레가루 준비.
닭 안심살 —> 카레가루 —> 달걀 물 —> 꿉꿉.
샐러리, 오이, 파프리카, 토마토. 냉장고에서 늦잠 자는 애들 깨워서 스틱으로 잘라서 또르띠아에 케첩이나 머스터드 뿌려서 먹으면 레알 훌륭한 한끼 지.

고구마 말랭이

고구마를 좀 덜 삶아. 그 상태로 스틱으로 잘라서 에어 프라이어에 180도 10분만 돌려.

완벽한 국민간식이지.

내가 이러니 배달이 필요하겠니?

2화
무얼 먹느냐 보다

보석은 사서 뭐 하겠나 운동복은 사서 뭐 하겠나 염색은 해서 뭐 하겠나

몸이 달라져야지

그게 뭐가 중요하겠나

코로나인데, 코로나가 끝이 안보이니

쌀을 사자 감자를 사자 귤을 사자 텃밭을 가꾸자

식구가 많은 집들은

쌀 20킬로 귤 한 박스 사면 순삭이라는데

우린 입 짧은 세 식구 덜렁 사니

집에 먹을 게 당췌 없어지지 않네

더 적게 먹고 더 소박하게 살고 더 여백을 두고 더 몸을 부지런히 움직거려야지

물건은 끝까지 써서 끝장을 내고

편리함에서 조금이라도 벗어나고

감사만이 살 길

심겨진 곳에서 피어나라

내 속에 있는 세포들아 다 기뻐하자
내가 무얼 좋아하는가에만 집중하자
JOY는 내 정체성
코로나인데, 코로나가 끝이 안 보이는데
코로나인데 비싼 건 사서 뭐하나
감사하고 기뻐해야지
마음아 힘내

— 나름 시 〈코로나인데 비싼 건 사서 뭐하나〉

애들아.

코로나가 끝이 안보이는 상황에서 정신줄 놓고 넋두리 상태에서 엄마가 나름 시를 써봤어. 애들아 텃밭에서 캐온 시금치와 무를 햇빛에 방법한 무말랭이 무침. 밥보다 야채 많은 유부초밥이야. 시금치는 겨울 시금치가 보약이더라. 넘 꼬수어. 시금치 꽁댕이는 칼로 칼집 한번 내서 씻어 끓는 물에 10초 정도만 데쳐서 찬물에 씻어 꼭 짜. 소금 들기름 참기름 파 흰 부분만 다져서 넣고 무쳐무쳐. 핵꿀맛이지. 어릴때 시금치를 먹었더라면 엄만 약골에서 벗어났을 수도 있었을텐데 말야.

무말랭이도 보기보다 영양가가 무지 많데. (칼슘왕) 파래김에 쌀밥 싸서 무말랭이 넣어 싸먹으면 열 반찬 안 부럽지. 찬물에 불렸다가 물기 꼭 짜서 고춧가루 고추장 매실액 간장 들기름 꿀 마늘 파 넣고 무쳐 무쳐. 말린 고춧잎이 들어가야 완성이지만 늘 요리란 있으면 좋은 거고 없으면 없는 대로. 쉽게 쉽게.

너 네가 애정하는 유부초밥은 말 안 해도 알지? 시판 유뷰 초밥 키트에 엄만 졸여놓은 연근이나 우엉, 오이, 파프리카, 당근 등등을 잔뜩 넣지만, 너 네가 싫어할 수 있으니 햄은 꼭 같이. 무얼 먹느냐보다 중요한 건 얼마나 즐겁게 먹느냐가 더 중요하니까. 엄만 이 진리를 왜 이제야 깨달았을까? 이제라도 알았으니 얼마나 다행인지.

3화
믿는 만큼 자란다

단연 명절선물의 레전드급 위용이라 함은 살코기참치, 고추참치, 야채참 치 셋트와 각종 스팸류 아니겠어? 아니나 다를까 집에 모셔져있던 캔을 깠어. 엄마 성격 알잖아? 땅에서 자란 애들의 땅의 기운을 섞어야 직성이 풀리는 이 성질. 지금이야 캔을 따서 요리하는 게 이상할 것도 없지만 너 네 어릴 땐 있을 수 없는 일이었다니. 엄마가 도대체 너 네들한테 무슨 짓 을 한 거니. 너네 어릴 때 소원이, 과자 아이스크림 캔음료 통조림식품 냉 동식품 인스턴트 달달한 밀가루 기름진 고기만으로 배터지게 먹어보는 거 였지. 엄마가 모를 리 있겠니. 사실 엄마도 그렇게 살고 싶었어. 왜 안 그 랬겠어. 세상 편한 게 엄마였을 텐데. 그런데 그럴 수 없었던 건 엄마에겐 봉지 까서 바로 먹기만 하면 되는 애들이 무서웠어. 음식으로 보이지 않았 달까. 편리하게 먹게 하려니까 온갖 부자연스러운 처치를 많이 한 화학가

Episode 7 바베트의 기다란 테이블

공품 같았달까. 한가지만으로 배를 채우는 건 우리 몸을 학대하는 걸로 보였거든. 주변에 아토피로 고생하는 아이들이 많았고 결정적으로 우리 둘째 아기였을 때 잠도 못자고 피부에서 피나오고 물도 나오고 몇 년간 고생이 말도 못했으니까. 음식으로 고칠 수 없는 증상은 약으로도 고치기 힘들다는 걸 믿었달까.

너네가 엄마 손 붙잡고 과자 사먹으러 가는 길 내내 엄마한테 걸릴까봐 떨렸다고 말하는 걸 들을 때마다 엄마가 무슨 절대신의 자리에 앉아있다는 착각 속에서 빠져나오질 못한 거 같아. 심지어 너네가 학교 앞 문방구에서 불량식품 사먹다가 엄마한테 걸렸을 때 그냥 '얼마냐 먹고 싶었냐! 맘껏 먹어' 했으면 좋았을 텐데. 혼을 내고 용돈을 줄이고 외출금지에 칭찬스티커 떼버리고 말씀암송 더 시키고 말야. 이런 한국적 엄마 빌런이라니.

엄만 그때 너네 말대로 너네를 못 믿었던 거야. 엄만 엄마만 옳았으니까. 어린 초딩 입맛이 어쨌거나 당연한 건데, 눈만 뜨면 엄마 말을 듣기 싫어할 거라는 불안감에 사로잡혀 있었던 거지. 다 허용하면 너 네가 맨날 불량식품으로만 배를 채울 것 같았어. 그다음 과정들까지 마구 상상이 되는 거야. 엄마는 균형 잡힌 식단에 골고루 섭취하는 에코 힐링 패밀리로 살아야한다는 고집이 생존본능이었어. 그 본능에 충실하게 무지막지하게 요리를 해댔지. 그때 엄마에겐 하루 주문을 받아 도시락을 만들어 판매하는 것이 하나도 이상하거나 어려운 일이 아니었어.

주방에 오래 서서 시간을 보내지 않는 지금이 훨씬 좋아. 너넨 엄마가 단촐해지는 걸 더 원하겠지. 엄마도 이제 서서히 가볍게 살으려고 해. 엄마 자신에게 친절해지고 있어. 엄마에게도 슬기로운 사생활이 하나씩 늘어가고 있으니까. 참치캔을 까서 비지찌개를 끓이고 스팸 넣고 야채볶음밥을, 달걀에 토마토를 같이 볶았어. 엄마가 요리에 들인 그 많은 시간들 때문에, 엄마에겐 요리가 그렇게 중요했었어. 요리에 대한 평가에 일희일비 하게 된 거 같아. 그게 마음과 정성을 다해야만 가능한 시간이니까 되게 의미가 있긴 하지만 그게 꼭 좋기만 한 건 아닌 것 같아. 음식으로 너네를 길들이고 싶었던 거지. 사육을 하고 싶었던 걸까? 엄마와 사육사. 둘 중 누가 더 믿음이 가?

몸에 좋은 걸 먹으면 기분이 안 좋아지니까 결과적으로 몸에 안 좋을 거고, 몸에 안 좋고 맛있는 걸 먹으면 기분이 좋고 행복하니까 결과적으로 몸에도 좋게 될 거라는 이런 빵빵한 이론을 주장하는 너네로 커주어서 엄마는 뿌듯함을 담아 오늘도 캔을 까서 햄볶는구나.

    - 예전에 안 믿어서 미안해.
    - 믿는 만큼 자란다.
    - 잘한다잘한다 해야 더 잘 자란다.

4화
소박함의 매력

얘들아,

코비드 블루로 모두들 다 힘든 상황이야. 너네두 각자 사는 자리에서 최선을 다해 견디고 있겠지. 요즘은 정말 안 그런 사람이 없어. 혼자서 셀프격리로 살아가며 감사를 건져 올리는 사람만이 잘 살아가는 세상이 되었어. 소중한 줄 몰랐던 걸 소중하게 여기게 되었다기보다, 이미 소중한 걸 계속 소중하게 지켜내야 할 것 같아.

엄마는 내 한계를 알고 인정하는 것이 지혜라 생각하여 올해는 김장을 담구지 않기로 했어. 왜냐하면 폭식, 과식은 도저히 불가능한 입 짧은 세 식구만 달랑 사니 냉장고가 비워질 줄어들 날이 없거든. 근데 또 김장김치를 여기저기서 주시네. 참 감사한 마음이 전해져. 엄마도 먼저 손을 내미는 사람이 되려고.

얘들아.

어젠 티비에서 외국친구들이 결혼하는 친구에게 호밀 빵과 소금을 주는 장면을 보면서 바로 저거다 싶었어. 선물의 소박함에 놀랐다기보다 호밀 빵으로 정말로 충분하게 여겨졌어. 선물이란 그래야 할 것 같아. 오바하길 잘하는 엄마로서는 코비드 블루 시대를 살면서 서서히 오바를 버리고 그 충분함을 맛보고 싶어졌어.

엄마는 요즘 발걸음 닿는 곳이 소풍이라는 마음으로 걷고 있어. 엄마친구가 선물해준 〈걷는 사람, 하정우〉, 그 책에도 보면 사람은 걸을수록 모든 부분에서 오바하지 않게 되더라구. 많이 소유하지 않고 일에서도 과로하지 않고 욕심내지 않고 친구가 많지도 않고 관계에 열려있지만 소박하게 살고, 먹는 것에서도 소박하게 먹고 일찍 잠드는 삶이 좋게 느껴졌어. 걸을수록 호기심으로 열릴 수 있다는 점도.

자취에 열 일 중인 울 아들에게 (자취 예정인 너네들에게) 줄 레시피를 꾸준히 올릴게. 오늘은 수육에 배추적.

수육

돼지고기 세 덩이 + 잠길 정도의 물 + 된장 1국자 + 대파 1뿌리 + 양파 1 + 통마늘 7개 + 후추 톡톡톡톡 + 월계수잎 10장.
뚜껑 덮고 부글부글 끓어오르면 불을 중간으로 줄여서 뚜껑 열고 50분 약한 불로 뭉근히 졸이면 야들야들한 수육 완성. 수육과 굴, 배추 잎, 새우젓, 김장김치랑 함께 겹쳐서 흥분된 마음을 가라앉혀서 한입에 넣으면 입안에서 극강의 콜라보를 뽐내지. 우리 조상님들은 어쩜 이리 지혜로우셨을까. 애들아. 어렵지 않아요~ 수육에 도전해.

배추적

배추는 10잎을 참참참참 껑둥껑둥 썰어서 설탕 1t+소금 1t에 30분 절여. 나오는 국물 버리고 손으로 꾸욱 짜내면 거기다 달걀 2개 밀가루 1컵 섞어서 프라이팬에 꿉어 꿉어.

이 계절을 좀 더 버텨낼 힘이 생길만큼 맛있단다. 얘들아. 배추적은 요란함에 길들여진 우리 입맛을 소박하게 낮춰줘서 참 정감 있는 음식이야. 딱 엄마가 좋아하는 단순한 맛. 아, 또 먹고 싶당.

심겨진 곳에서 피어나라

5화
쉽게 도전해

애들아,

새로운 도전이라고 하기엔 그리 특별할 게 없는 두부면이야. 고기 볶을 때도 넣고 김치찌개에도 넣어보니 괜찮았어. 밀가루 면보다 콩 단백질을 면치기하며 먹을 수 있으니까 먹는 재미가 색달라.

한식을 쉽게 쉽게 하려면 부담을 없애야 는데 고기도 미리 재워둘 필요 없이 마늘, 양파, 숙주, 버섯, 파인애플, 대파 잘라놓고 고기랑 같이 볶다가 맛술, 간장, 굴소스, 참기름으로 간을 맞추고 마지막에 두부면 넣어서 먹으니 완전 고급지던데! 요리는 손에 쉽게 와 닿기만 하면 금방 늘어. 매일 하는 요리를 이왕이면 즐겁게 콧노래 부르면서 할 수 있어. 두부면 is 뭔들.

애들아,

또 김밥을 쌌어. 오백원 더 싸게 사겠다고 껍질 통우엉을 사니 우엉을 손질하는데 시간과 정성이 세 배나 걸렸어. 이럴 거였으면 껍질을 까서 스틱으로 잘라놓은 우엉을 사서 할 일이었어. 그리 소름 끼치게 가격차이가 나는 것도 아니고 말야. 졸이기만 하면 되니까. 우엉에 매달릴 시간과 기회비용을 다른데 쓰는 것이 더 낫다는 결론이야. 하루 종일 주방에만 있을 순 없잖아.

아빠랑 수통골 도덕봉을 오르고 내려온 길에서 만난 할머니에게 시금치 5천원 어치, 쑥갓이랑 상추를 합쳐서 2천원 어치를 사왔는데 정말 산더미같이 주시는 거야. 할머니는 구청 직원차가 떴다면서 빨리 자리를 떠야 한다고 말하시는데, 할머니 눈에서 동공지진 흔들흔들. 그 긴박한 타이밍에 구입했더니 너무 많이 받아와서 죄송하네. 농산물은 가격 상관없이 무조건 사라고, 그래야 농촌을 살릴 수 있다면서 가격은 안보시고 필요에 의해 구매하시는 할아버지 말씀이 떠오르더라. 농부의 수고에 비하면 우린 늘 항상 거저 받아먹는 거나 다름없지.

김밥에 돼지 목살은 식감이 두껍다는 아빠의 피드백을 받아서 베이컨과 쌈무의 조합으로 김밥을 말았어. 매주 마는 거 같네. 냉장고 파먹기엔 김밥이 최고야. 아무거나 말아주면 되니까. 일본 사람들이 오니기리 좋아하는 그 맘이 뭔지 알 것 같지. 집집마다의 엄마의 마음이 그 안에 들어가니 집집마다 다른 맛이 나지.

아빠는 김밥 말아 파시던 장모님 딸내미답다고 늘 칭찬해주어서 엄마는 지치지 않고 김밥 만다. 외할머니 김밥은 늘 맛이 명징했어. 명징한 사랑의 맛이었지. 양념이 강해서 밥은 밥대로, 속 재료 등장인물마다 찐한 맛이었거든. 외할머니가 싸준 김밥 덕분에 엄마는 점심값을 절약할 기회비용을 얻었고 빠듯한 용돈을 모아서 교회 후배들 밥 사줄 수 있었어. (선배들껜 얻어먹기만 하고 못 사드려서 죄송합니다.) 엄만 늘 엄마의 사랑을 싸들고 다니며 먹었던 행운아였어.

　　- 기쁘다 김밥 또 오셨네
　　- 맛이야 말해 뭐해

6화
요리는 응원가

애들아.

집 떠난 아들이 집에서 같이 사흘째 여서 햄 볶는 요즘이야. 세 식구 살다 네 식구 되면 뭐라도 특식을 해야 할 것 같아서 이것저것 요리를 하게 돼. 여전히 집에 있는 걸로 시도했어. 애들아, 시뻘건 거에 치즈 올리는 구색의 시도라면 실패란 없어. 요리 솜씨나 손맛도 필요 없고 부담이 없지. 마치 튀김은 장화를 튀겨도 맛있다는 말처럼 말이야.

엄마가 요새 잔잔한 일본 영화에 맛 들려서 어젠 〈심야 식당〉을 봤어. 도쿄 한복판 인 것 같은 오랜 건물에 작은 식당, 일본인들은 영화에 기교가 없고 음악도 꾸밈이 없고 그리 적막할 수가 없더라. 움직거림을 최소화해서 오직 대화에만 치중하는 영화를 찍더라구. 먹는 것도 그런 것 같아. 오니기리, 미역 넣은 미소 된장국, 낫또, 튀김, 스시, 라멘. 우동, 우메보

시, 달걀말이, 돈까스. 일본 사람들은 평생 이것으로만 살으래도 그럴 것 같고, 외국 어디엘 가도 일본 음식만 먹고 살 것 같아. 그들이 그래서 장수하는 건가?

〈심야 식당〉이 좋아 보이는 건 셰프와 손님이 맺는 유대감이었어. 일부러 따뜻하게 설정한 것도 아니었는데 엄마 눈엔 따뜻해 보였어.

'나는 뒤돌아서 음식을 만들테니 너는 받아먹고 돈내고 나가라' 이런 관계가 아닌 무심한 척 경청하고 진심으로 손님이 잘 되길 바라고, 셰프는 손님들끼리의 비밀도 지켜주고, 지혜롭게 중간역할로 개입해주는 상담가로서의 셰프. 칼자국이 얼굴에 선명한 일본남자가 엄청 따뜻해 보이는 매직 같달까.

실패하고 낙심해서 삶에 지친 사람들에게 따뜻한 우동 한 그릇, 라멘 한 그릇 말아줄 수 있다는 게 그것만큼 온기가 온기에게 실패 없이 전달되는 게 또 있을까? 〈카모메 식당〉도 봤는데 그 영화도 비슷하지만 느낌이 많이 다르지. 〈카모메 식당〉은 엄마의 미래를 보는 것 같이 친근한 영화였어. 여자 셰프가 자기 몸을 먼저 튼튼하게 관리하는 장면이 되게 인상적이더라. 일본식 마루에서 무릎을 꿇고 쓱쓱 물 흐르듯 걷는 그 장면 말야. 엄마도 늘 엉덩이를 떼고 늘 몸을 움직이면서 밖으로 나가 체력 단련하는 시간이 엄마를 지켜준다는 걸 알아. 이런 엄마 계속 응원해 줄 꺼지?

누군가에게 밥을 해준다는 것도 그런 것 같아. 온기가 온기에게 힘내라고 불러주는 응원가이고, 그걸 만드는 이는 응원단장인 거지. 엄마가 죽기 전까지 너 네들한테 응원단장이라도 잘 했으면 좋으련만.

- 온기가 온기에게
- 요리는 실패란 없는 응원가
- 우린 서로에게 모두 응원단장

실패란 없는 그라탕

1. 간 마늘, 양파, 피망, 가지, 버섯을 잘게 버터랑 볶아. 소금, 후추도 잊지 말고.
2. 그라탕 용기에 담아서 토마토 소스와 섞고, 햄과 브로콜리를 이쁘게 꽂아.
3. 집에 있는 치즈를 덮어서 전자렌지에 5분 돌리는 거지. 맛이야 물어 뭐해. 치즈 덮으면 다 맛있어.

심겨진 곳에서 피어나라

7화
원한다면 해

얘들아.

엄마가 좋아하는 영화 〈줄리 앤 줄리아〉에 보면 줄리아의 미식가친구들이 나와. 500가지 넘는 프랑스요리 레시피를 8년간 연구하고 그대로 재현해내는데 그 와중에 뺀질뺀질 거리는 친구가 있어. 누가 봐도 열심히 안했지. 사람은 원하는 걸 할 때도 하기 싫고 농땡이 치고 싶은 가봐.

아냐 그 친구는 요리를 별로 원하지 않았어. 그 증거가 있어. 그 농땡이 친구는 책 인세를 나누는데 똑같이 삼등분을 원하는 거야. 심지어 이름도 똑같이 내세우길 원하고 말야. 안될 것 같으니까 자기 이혼녀 될 거라고 징징거리는 거야. 흐헐. 엄만 그 땡땡이 친구를 보면서 생각했지. 저 사람은 요리를 좋아할 수가 없겠구나,

나와 남을 위해 요리를 한다는 건 (생존의 문제가 아니라), 내가 어떤 사랑

Episode 7 바베트의 기다란 테이블

을 받아왔는지 아는 염치와 관심의 영역인 게 확실해 보여. 원한다면 원하는 걸 하기 마련이니까.

요리를 원하지 않는다고 전혀 문제 될 건 없어. 그런데 요리의 매직은 하다보면 늘더라. 하다보면 재미도 더해지고. 하다보면 원하게 되고. 하다보면 몸에 익고. 하다보면 요리가 덤벼.

- 인생 거저 입에 들어가는 건 없지
- 인생에 공짜는 없어야 맞는 거

8화
중요한 작업

얘들아,

　너네 생각과는 다를 수 있겠는데, 우리 몸은 나와 남을 위해 요리하는 이 일을 해내는 걸 좋아하더라. 엄만 자신 있게 말할 수 있어. 밥을 한다는 건, 산다는 걸 굉장히 단순하게 해주고 밥을 할 때마다 '먹고사니즘'에 감사하게 돼. 밥을 안 할수록 '먹고사니즘'에 소중함을 잘 모르게 되고.

　먹는 즐거움과 감사는 존중받아야할 생기초적인 생존이야. 엄마가 젤 싫어하는 말 중에 '그러고도 밥이 넘어가냐', '그러고도 잠이 오냐' 류의 그런 말들인데(우리 집에서 젤 못 먹고 젤 못자는 내가 이러니까 웃기긴 하네), 기본적인 몸의 일을 아무것도 아닌 것으로 치부하거나, 정신력이 우위이고 정신력으로 불살라버려야 잘 사는 인생이라는 억압은 잘못된 거라 생각해. 그런 삶은 금방 활활 타버리지. 자신도 남도 억압하다가 너무 빨리 타버려. 몸의 일은 결국 마음의 상태를 증명해줄 만큼 중요해. 몸을 먼저 챙기는 건 천박한 게 아니야. 내 자신을 사랑해주고 있다는 기초적인 작업이지. 얘들아. 늘 잘 먹고 늘 잘 자고 늘 잘 움직이렴.

소고기불고기, 해산물토마토스튜, 떡국, 상추샐러드

1. 소고기값이 하늘을 찌르는 한우를 이젠 선택 안 해. 한우보다 훨씬 저렴한 미국산 호주산 다 좋아. 아르헨티나의 고기값과 야채 값을 보고 레알 이민가고 싶었어.

  - 소고기에 마늘 생강즙 간장 굴소스 후추 맛술 꿀 참기름 양파 대파 버섯 당근 넣고 볶아.

2. 해산물스튜는 힐링 지대로 요리지. 마늘 양파 샐러리 파프리카 작게 썰어 볶다가 토마토페이스소스를 붓고 조개 새우 살 홍합 썰은 올리브 썰은 토마토 월계수잎 얹어서 한소끔 더 끓이면 돼. 맨 마지막에 치즈 발사믹 파슬리 쪼라락. 아픈 사람 일어난다.

3. 떡국은 냉장고에 잠자고 있는 얘들 깨우면 돼. 떡국 떡은 물에 담궈 놨다가 멸치다시육수에 넣고 마늘 표고버섯 파 넣고 끓으면 바로 불 꺼. 달걀지단 김 얹어서 뜨거운 국물 호호 불며 먹으면 엄마 생각난다.

4. 냉장고에 상추가 유난히 쌓여있을 수 있어. 그럼 상추에 파프리카 맛살 옥수수를 준비해서 올리브유 레몬즙 후추 발사믹 끼얹어 먹으면 식감과 맛이 가장 좋아. 야채가 이렇게나 맛있을 일인가 싶을 정도지.

9화

치유는 전야

애들아.

회복은 원래의 자리로 돌아간다기보다 이전과는 다른 이로 새로 태어나는 것을 말하는 것 같아. 너네들이 '엄마, 엄마, 엄마'라고 부르는 소리를 듣는데, 너네 어릴 때 엄마를 불러주었던 아가의 소리와는 또 다른 감정이 들더라. '엄마마음 알아, 엄마마음 알아, 엄마마음 잘 알아'라고 들렸어.

회복하며 가장 기쁜 순간은 상처가 아물고 서서 걷기 시작하는 순간인데, 너네 어릴 때 걸음마를 마치고 혼자서 한발자욱 떼기 시작했을 때와는 또 다른 감정이 들더라. '나는 소중해, 나는 소중해, 나는 정말 소중해.' 이 발걸음으로 보여.

세상 모든 상처는 아물지만 반드시 흔적을 남기지. 진정한 회복은 그걸 다 잊고 아무 일도 없었다는 듯 사는 게 아니라, 그 흔적을 보며 과거로

235

돌아가지 않고 오늘 바로 지금을 꿋꿋하게 살아내는 걸 꺼야. 엄만 너네들 한테 매일 회복식을 차리면서 엄마가 치유되는 신비를 느껴. 확실한 깨달음이지. 천천히 오래오래 꼭꼭 씹어 삼키며 회복되자 우리.

- 오늘의 회복식 문어 카르파쵸와 냉이콩가루전
- 치유는 전이
- 회복식은 소프트하게, 회복도 슬로우하게

애들아,

야채비빔만두, 새우올리브카나페, 숙주파인애플볶음, 김치찌개, 봄동지짐 등등등. 먹을 때마다 맛있건 없건 간에 엄지척 해주는 식구들이 있지 않았다면 130일째 방학을 이리 맨 정신으로 즐겁게 집밥 할 순 없었겠지.

집밥에 대한 가족들의 믿음은 엄마에겐 최고의 보상이야. 그래서 망해도 도전하고 실패도 인정 안하고 계속 달릴 힘을 낼 수 있는 것 같아. 아빠 엄마의 믿음이 너네들에게도 최고의 보상이 되었으면 좋겠어. 그래서 살다보면 망해도 실패해도 실수해도 포기하지 않을 힘을 얻었으면 좋겠어.

10화
확장되는 경험

애들아,

너네도 알다시피 엄마는 (준)비건 이었어. 순전히 엄마 때문에 너네 어릴 때 고기 많이 먹고 싶었을 텐데 맘껏 못 먹고 커서 미안해. 너넨 진작 잘 먹었지만 엄만 이제 고기를 먹어. 요리도 맛도 지경이 확장되었지.

엄만 가장 맛있다고 느껴지는 맛이 야채가 되도록 와장창 섞여있는 맛이야. 너희도 이미 알겠지만 고기는 당췌 내게 맞지 않는 옷 같아. 이젠 근육과 에너지를 위해 고기를 예전보다 잘 먹어. 예전엔 소화를 못시켜서 아예 못 먹었고. 이젠 운동을 하니 맘 편히 (소량을) 먹지만, 여전히 맛은 야채가 비교도 안 되게 맛있어. 다시 대전으로 이사 오고 마트에 갔더니 볶음밥야채를 (양파, 당근, 호박, 감자) 잘게 손질해놓은 게 있는 거야. 가격도 싸고 양도 푸짐해. 거기다 윤상(희)답게 가지, 버섯, 파프리카 따블로 첨

가. 토마토 퓨레랑 우스타소스로 볶아서 베이스를 만들어놓으면 어디든 응용이 가능해. 감자 삶아 한 켜, 집에 있던 스팸 한 켜, 치즈 한 켜 깔고, 전자렌지에서 약 4분 굽굽. 요리러 윤상, 겉촉 속촉 리조또.

한 끼에 대해 고집스러운 기준 같은 게 있었는데 팬데믹이 준 변화는 단연 먹거리야. 손이 많이 가는 한식을 고집할 필요도 반찬수를 과하게 고집할 필요도 유기농을 고집할 필요도 발효식을 고집힐 필요도 없어졌지. 무얼 먹든 자연에서 왔으면 정말 감사한 일. 인스턴트만 고집하지 않으면 뭔들. 넘치게만 먹지 않으면 뭔들. 올리브 is 뭔들. 올리브유 야채 모두찜, 실로 맛나 얘들아.

코로나로 방학 150일이 넘어가는 중인 얘들아 너네들 덕분에 돌아서면 밥하고 돌아서면 밥하는 엄마 '돌밥엄마'도 한 접시 한 접시 완성도는 떨어질지라도 매일 완주해내고 있다는 성취감이 생긴다. 밥 차리는 이에겐 이런 자뻑이 필요한 거 아니겠어? 너네의 성장을 위해 아이를 닦달하거나 갈구는 상태에서 벗어나서 엄마가 할 수 있는 것에서 마음을 다해 확장시키는 노력이 결국 우리 모두를 살찌울 거라 여겨.